사바는 연꽃세상

사바는 연꽃세상

노보살 일진행의
행복한 신행 시집 3

사바는 연꽃세상

눈 감으면
바다처럼
허공처럼
허허 넓은데

눈 뜨면
다닥다닥 복잡한 세상

눈 감고도 살 수 있다면
눈을 감고 살리라

하지만 감고 살지 못하기에
뜨고도 감은 듯이 살리라

세상 것 아무것도
가질 마음 없어
더 좋은 것 보이지 않으니
더 싫은 것도 보이지 않네

사바세계 고해라고
사바세계 오탁악세라고
사바세계 말세라고
왜 하필 말했던가

마음 따라 근기 따라
사바는 연꽃세상
부처님나라

얼마나 아름다운가

회향의 촛불

그대들 가슴에 촛불을 드립니다

천팔십 일간
군법당 지원기도 회향을 맞아
가슴이 뭉클하는 고마움을
미래 부처님들께 전하는 마음
반야심경으로 장엄한 초 한 자루에
부처님을 생각하는
간절함을 모아드립니다

세월은 멈추어 있지 않나니
되돌려 받지 못함을 명심하소서

가다가 마음이 기웃거릴 때
이 초 한 자루
작은 불씨 하나로 소신하는
그 아름다움에 마음을 실어보소서

그대들
날로 덜어져가는 한 생을
하루하루 더욱 유용하게
경전처럼 넘기면서
저 허공을
가득 채울 수 있는 마음 있나니

행여 그 속에도
어리석음이 돋아나면
그냥 그대로 놓아두고
밝음으로 밝음으로 전전하소서
영원히 그대들 가슴에
꺼지지 않는 촛불이 되소서

부처님 생각

앉으나 서나
부처님 생각

누웠어도 잠들기 전엔
부처님 생각

잠이 들면 꿈속에서도
염불하며
경전 구절을 외네

우연인 듯 우연 아닌
깊은 인연 필히 있으리라
금생보다 다음 생은
더더욱 깊은 인연될 줄
어림으로도 알 수 있네
하루 스물네 시간
한생각 놓을 수 없는
일상이 되어버렸네

몸속에
마음속에
깊은 뿌리로 내려진
불보살님 생각

나무석가모니불
나무아미타불
나무관세음보살
나무지장보살

마하반야바라밀

기사년

내 생애
가장 무거웠을
기사년은
아무렇지도 않은 듯
뉘엿뉘엿 저문다

어느 누구도
뛰어넘지 못해
와서 가는 길
시시각각으로
행도 불행도
넘어 보겠지만
진리라
무상이라
헤집어 봐도
아픔은 아픔
슬픔은 슬픔이더라

아픔이나
슬픔이
아픔도
슬픔도
그 아닐 때
나는
어디에 있을까
언제쯤일까

당신의 무덤

와도 그만 가도 그만인 걸
무덤엔 왜 왔을까
몹시 얼어붙은 마음
삼복엔 풀릴 줄 알았는데
더위는 자꾸 식어가도
풀릴 기미는 보이지 않는다

어둠이 모여드는 당신 뜨락에서
바싹 마른 엉덩이에
진통제 주사 놓던 생각하며
다시 그날이 되어 흐느껴도
아무도 달래주는 이 없는
허허 넓은 정족산천에서
지난날의 아픔을 다시 겪는다

지나가는 바람은 비켜 가는데
밀려오는 어둠은 멈춰 서건만
그만 내려가란 말 한마디 없어도

어쩔 수 없이 내려서야 하는 길
이것이 살아 있는 내 몫인가

올 때 마음 갈 때 마음
그 마음이 그 마음인데
뭘 하러 무덤엘 왔을까
온갖 아픔들이 다 아물어
아름다운 추억으로 돌아설 때까지
다시는 뒤돌아보지 않으리다
다부진 정진으로
앞만 보고 쫓으리다

경오년 어느 날

임신년 오월

기사년 그때처럼
작약이랑 흑장미랑
막 피어 오르길래
말없는 당신 앞에
각 한 송이씩
크리스탈 예쁜 컵에 꽂아드리며
꽃내음 들이쉴까
기다려 봐도
한번쯤
눈 맞추어 웃어줄까
기다려 봐도
소식은 감감
꽃잎만 시드르네
당신을 보낸 그 세월
어언 삼 년
차라리 가출한 당산이라면
어슴푸레
새벽달 그림자 넘어

인기척이라도 기다려 보련만
홀연히 떠나버린
당신이기에
아직은 기막힌 사연만
한 아름이라오
세월가면
차츰 잊어드릴께요

빈자리

그대
떠나간 자리
앞뜰에
흑장미 예쁘게 피었네
그대
머물던 자리
새색시
입술 빛 고운 앵두 영글었네
그대
비워둔 자리
오월은 싱그러이 짙어만 가네
그대
버리고 간 자리
간들바람
하느작거리며 지나가네
그대 두고 간 자리
초여름 한나절
뭉게구름 하얗게 피어오르네

그대
돌아오지 않는 자리
멈추어 있듯
세월은 숨어서 갔네
들을 지나
산을 넘어
바다를 건너
멀리 머얼리 머어얼리

나무아미타불

그이를 보내고

당신을 보낼 때
한 점 티 없이 해맑던 모습
나도 모르게 가슴에 묻어져
너무 보고 싶을 땐
파헤쳐보곤 한다

당신을 보낼 때
미처 못다 보낸 마음
코스모스 간들거리는 바람결에
실어 보냈는데
때때로 다시 와서
나를 흔든다오

그 자리는 비어 있는데
무엇이 남아 서성거리는지
찼다가 비었다가
밍그적거리는 그것
미련 없이

홀홀 마저 떠내고
더 밝은 마음 되어
걸림 없이
무상과 나란히
대 자유인으로
남은 여생
멋이 있는 일몰처럼
금생을 닫고 싶은 나의 서원
속속 이루어 가리다

계유 어느 날

당신을 보낸 가을

하늘이 몹시 맑고 드높아
당신을 보낸 가을인 듯하군요
요 며칠간 오대보궁을 다녀왔지요
길목마다 들국화 코스모스
기사년 그때처럼 피었더군요
오곡백과 무르익어
넘실거리는 풍성한 계절
해마다 이맘때가 되면
계절이 먼저 나를 깨우네요
여름의 싱그러움을
몽땅 앗아간 가을 산
내외 설악은 별천지였어요
발걸음을 멈춘 설악산장
커피 한 잔에 여운을 남기고
만추의 초생달이 살쪄가는
음력 구월 상순
당신을 보낸 열세 번째 가을
언제인 듯 무상과 나란히

세상 것 강 건너 불 보듯
편안히 살고 있어요
이제 잠들은 채
깨어나지 않은들 어떠리요
가을이 와서
흔들어 깨우기에
고개를 들어 지난날을 보았지요
안녕히

임오년 음 구월 상순

염화실 1

염화실 뜰에
젖내음이 나던 매화나무
십년 세월을 후딱 지나 어른스럽네

찬 서릿발에 많은 꽃을 피워
그윽이 맑은 향기를
한마당 가득히 풍겨놓으면서
많은 열매도 굵혀 내었었지

어느 날
울창하던 매화림은
단정한 모습으로 바뀌어 있었다

이제
가지가지로 뻗던 힘이
둥치로 모이면
십년 세월을 다시 넘었을 땐
노목의 모습으로 당당하겠구나

남은 가지가지들 눈눈마다
엄동설한을 비집고 나와
매달릴 매화송이들
아직은 깊은 찬 서릿발에
멈춘 듯 조용한 숨결이
마치 그때인 듯 눈에 어린다

그 싸늘한 아름다움으로
한가슴 채워 안은 기쁨
겨울 허공 속으로 내다르며
아직은 감감한 먼 내일이
오늘인 듯 서성거린다

내 안으로 찾아드는
삼라만상 그 모두
차곡차곡 쌓아져가는
푸근하고도 아름다운
훗날 나만의 추억으로 남으리

어느 겨울날

염화실 2

분에 담긴 겨울 차나무 한 그루
당신은 전생에 무슨 인연으로
사계절 내내 연년생인 분신을
업고 안은 끈끈한 모정의 모습
왠지 나도 모르게
이 겨울을 어찌 지내려나 마음 쓰이네요
이래서 부처님께선
너와 나가 둘이 아님을 이르셨던가요
남들은 겨울잠 드는데
동지섣달 긴긴 밤 님은 혼자
묵은해 열매 굵히며 새해 꽃피우며
조롱조롱 업고 안고도
그 고행 마다않고
겨우내 사랑으로 고이 품었다가
영글은 씨앗일랑 말없이 떨구고
피운 꽃으론 다시 열매 굵히며
새봄이 오면
겨울을 밀고 고운 순 돋우어

늘 깨어 있는
어른님네 찻잔 속에
빛으로 향으로 맛으로 나투실
충만 가득한 당신의
고귀한 아름다움이여!

대지전 쪽마루에서

바래진 오랜 세월을 넘어서
승보종찰 송광사에서 첫밤을 샌다
대지전 이층 기와지붕 아래
설던 방이 차츰 익어온다

바람 쐬러 쪽마루에 나앉아
둘러쳐진 지붕너머
작은 하늘을 본다

새까만 어둠 속에
파묻힌 별들은 졸고 있는데
외등은 밤을 새워 우릴 지킬 참이다

뜰 앞에 코브라처럼
고개를 든 나무 두 그루
존함은 누구신가 알지 못해도
알몸 그 모습에서 싸늘함이 풍겨난다

무수한 별들의 밤은
조는 채로 깊어만 가는데
커피 한 잔으로 육신을 달래어
큰 법당으로 철야정진에 들려 한다

부처님 무릎 아래서
이 밤을 새워 삼천배를
심히 다져놓은 마음
풀리지 않기를 한 번 더 다짐하면서
서서히 불을 지피려 든다

봄이 오는 어느 날

개나리 가고
진달래 가고
돌배꽃 향기 코끝에 다가오는
버들개지 파아란 봄이 오는 어느 날
눈앞이듯
바라보이는 삼천리에
님의 은혜 자욱이
보리 되어 흩날리듯 하다
새소리 물소리
어우러진 자연 속에
옹기종기 모여 앉은 찔레넝쿨
가시 박힌 몸으로 얼싸안고
새하얀 예쁜 꽃 피워 장엄했네
높은 나뭇가지 사이에
편안히 자리 잡은 까치네 집
맞벌이 갔는가 빈집처럼 보이네
흐르는 개울 꼬드기는 물소리엔
아지랑이 사알살 내려앉는다

높게는 서서
낮게는 앉아서
길게는 누워서
한가로이 봄을 꾸며내는
동강난 금수강산
그 아픔을 모르는 듯
삼라만상이 쏟아놓은 계절의 무대
삼천리로 이어진 한반도
동강난 허리 치유되어
하나 되는 그날이 어서 있기를
봄이 오는 어느 날
큰 서원으로 발원하옵니다
기다림에 지치지 않도록
가슴 앞에 두 손 모아 발원합니다

가는 길에

맑은 향내음 따라 나선 걸음
가는 길에
정진과 수행의 다리미로
마음 안에 주름살 다림질하며
언제 왔는지
님 가까이 너무 가까이에서
석류 알처럼
영롱한 삶을 영그리고 있었네
난행고행을
목숨처럼
여겼나니
밝음과 어둠이 그 전부더라
귓전에 머무른 법음들이
염불소리 가슴으로 끌어들이네
이승길 저승길 물어 알소냐
스스로 마음 맑혀 얻은 지혜로
진리를 열고 가는 길에
주린 잠 겹친 인내로

보리도에 등불이 되리이다
나선 길
가도 가도 지칠 줄 모르나니
분명
전생에서 이생으로
이생에서 다음 생으로
고리고리 이어진가 보다
그 아니라면
무심코 내디딘 걸음
이렇듯 금강 같을수야
굳건히 보리 이루어
법계 만방에 회향하리라

마하반야바라밀

나는 이러히

남 따라
사는 세상
무슨 재미냐

그건
누구나 하는 건데

조금은
풍요롭게
조금은
격조 높게

그것이
어려웁네

그것이
소중합네

너와 나
나와 너
세상 것
그 무엇에도
걸리지 않고

법계
만방에
대 자유로이

님 따라
님 닮아
살고지고

저 허공 속

하나
내 별

하나
네 별

아아아

얼마나 행복하냐

탐진치 번뇌망상
주인 없어
구름처럼 떠노네
들꽃처럼 피고 지네

갈 때도
올 때처럼
빈손
그 빈손으로
마냥 가벼이

억겁에도
금시처럼
이러히
살고지고

걸음걸음 행복하기만 하네

나의 모든 것을 다 바쳐
날마다 새로운 신심으로
일찍이
님의 뜻을 받들어
사바 한세상 숱한 괴로움들
스스로 덜어낼 수 있었으니
님 따라 나선 걸음
무한히 자랑스럽다

내가 만들어가는 나의 다음 생
가림 없는 한 수행자로
발돋움하면서
걸음걸음 행복하기만 하네

이제
금생의 마지막 작업으로
흩어진 지난 흔적들
주섬주섬 모아서

엉금엉금한 거적자리처럼
볼품이 없어도 엮어보고 싶다네

매끈하고 예쁘지 않더라도
가림 없고 진솔하게 얽어져서
훗날
내 전생의 전설 같은 이야기로
남을 수 있으려나 기대는 마음
붓다의 메아리 귀에 쟁쟁거리네

서둘러 나선 길
멈추지 않았던 걸음이기에
남은 걸음 더욱 행복하기만 하네

무인년 윤오월 예수재

차례차례 다 가시고
이제
고령의 친정어머니 한 분
무인년 윤오월 예수재를 맞아
아미타부처님을 모시고
과거 현재 미래 삼천부처님을 모신
감로사에
우리 어머니를 올려드린다
사십구 일간
일심으로 아미타부처님을 부르며
만배를 하면서
한순간도 어머니를 내려놓지 않았다
염불 다라니 진언 독경 발원문으로
긴긴 시간 걸림 없이 기도했었다
미혹하여 지은 업의 한계를 어찌 아랴만
가벼이 가시는 길 보고 싶다
회향 길
두덕 안개비 퍼붓는

팔공산 약사대불전 대리석 맨바닥에
두 무릎이 벗겨지도록
혜총스님의 기도 발원
그 속으로 빠져들었다
피의 소중함을 능가하는
땀의 고귀함을 소중히 지닌
아낌없는 수행 정진으로
쌓아올린 무형탑
저 허공을 뚫지 않을까
무더운 여름 장마 속에
뿌리던 빗줄기도 멈추어
하늘도 나직하니 동참해주었네
우리 어머니 보내드리고
남은 이야기 마저하리다

나무아미타불

꽃과 함께 산 세월

처처에 꽃을 두고
살아온 지 어언 삼십년
그 모습은 바래지고
향기는 멀어져도
마음 안에 물씬 배어 있다

세간살이 손 놓은 지
강산이 변해가도
흙내음 꽃내음 멀어지지 않았다

잠깐을 쉬지 않고 떠나는 시간
그 세월 기억하긴 희미하지만
그때도 행복했고
지금도 행복하니
꽃과 함께 보낸 기나긴 세월
이것도 금생의 내 몫이었다

꽃과 함께 삼십년 세월

갈수록 가벼워지고 싶은 삶
더 맑은 비움으로 다가선다
빈손으로 와서
빈손으로 가는 길
마음인들 왜 무겁게 가랴

소금밥에
물 한 공기
누더긴들 어때
이 마음 열고 넓혀 어딘들 못 가랴

꽃과 함께 삼십년 세월
이것이 나의 껍질 없는 수확이다
정 주며 사랑 주며
점점 멀어져가는 세월 보내며
내 주름살 위에
늘어 피는 저승꽃들
그들도 덩달아
그 향기 풍기려드네
아! 풍요로운 나의 삶이여

님의 자리

그 자리 님의 자리
온몸으로
태양이 부서져 내리는
꽃비를 맞은 자리

시간에 밀리면서
언제나 쫓기듯 떠나온 자리

지난날
흔들리는 촛불 아래서
돌아 돌아 금강경 백여덟 번을
쌓았던 자리

그 산상
능선마다
골짜기마다
독경소리 메아리 되어
차분히 내려앉은

기막힌 추억이 담긴 자리

씨앗도 없이
뿌리도 없이
진리와 무상을 말해주듯
석가세존 뇌사리 탑신에
눈보라와 비바람이 함께 피운
진리의 꽃 무상의 꽃

천년이 다 가고
만년이 다시 와도
묵묵히 중생 곁에 함께 하실
위없는 님의 얼이
설익은 가슴을 파고든다

천년의 꽃 천년의 향기
만년의 꽃 만년의 향기로
님의 자리 설악
그 산상을 장엄 장엄하소서

나무석가모니불
나무석가모니불
나무시아본사 석가모니불

진리에서 오신 님

소리 없는 소리
진리의 소리
귀 없이도 마음에 들리는 소리

하지만
미혹한 중생들이 듣지 못해
그 중생들 거두시려
님은 우리 곁에 오셨네

광대한 깨달음으로 나투시어
사방 간방 상하방으로
진리의 문 활짝 열으시고
마음 있는 자는 다 들으라시네

듣고서
근기대로 그릇대로 쓰라시네
허공이 가없듯
진리 또한 그러하옵고

마음 그도 그러하나니

지혜로운 자여
이 세상에 태어났음을
감사하라
은애하라
우리 부처님 만났음을
더욱 감사하라
더욱 은애하라

우리 법다운 삶을 위해
사바의 안녕을 위해
이 영혼이 다하도록
반야지혜
충만 원만 구족하여지이다
그대
진리에서 오신 님이시여

마하반야바라밀

사리탑에서 만난 가을

엉금엉금 기어오른
깔딱고개 내려서니
설산 부처님 뇌사리탑전
짙푸른 소나무에 샛노란 가을이 있다
심심계곡 건너서 넘어서 찾아온 설악산정
세파에 오염되지 않아서인가
청정을 고스란히 안은 채
마치 그림 같은 환상의 가을이랄까
해마다 이맘때면 숱하디도 찾았는데
진초록 상반신에 샛노란 하반신
살아 있는 솔잎 같질 않다
수많은 가을을 넘어봤지만
이러히 아름다운 모습이 아니었더라
새로운 소나무가 탄생한 듯
이렇게도 고운 빛이 어디서 왔을까
자연이 만들어낸
불뇌보탑전의 장엄이 아니겠는가
단풍이란 경지를 초월한

해탈의 세계 열반의 세계인 듯
이 가을을
설악의 정상에서 만끽하는
나도 사리탑의 가을이 되어
샛노란 단풍 솔잎처럼
아름다워진 내 마음을 본다
님께서는
더 역력히 보시리라 아시리라
이 가을을

안녕 안녕 안녕이여!

안녕 안녕이라는
그 읊음 속에 평온이 있네
안녕 안녕이라는
그 소리 속에 사랑이 있네
안녕 안녕이라는
노랫말에 행복이 있네
안녕 안녕이라는
그 속에 모든 평화가 있네
안녕 안녕이라는
그 마음 깊숙이 청정이 있네
안녕 안녕이라는
거기 멈추어진 고요가 있네
안녕 안녕이라는
알기 쉬운 낱말 그 안엔
무지갯빛 아름다움이 있네
안녕 안녕이라는
그 한마디 한마디마다엔
깃털 같은 가벼움이 있네

안녕 안녕이라는
그 깊은 곳에 그리움이 있네
안녕 안녕이라는
그 밝은 곳에 희망이 있네
안녕 안녕 안녕이여!

황금빛 세상

사바고해 그 어렵고 힘듦은
나의 정진 수행으로 감내하면서
날이면 날마다 부처님께 엎드려
산산조각 난 마음
낱낱이 맞추어 하나 만들어내니
지금은 나의 보물이 되어 있다
그 애절함으로
천차만별의 삶에서
진정한 평등의 가치를 배워 안다
한순간 마음만 열리면
하늘은 지붕이요 대지는 도량인데
한생이 머물다 감을
하룻밤 묵어감에 비유한다면
방이 어떤들 이부자리가 어떤들 어떠랴
그냥 자면 되는 것이지
얼마나 곤히 깊이 잘 잤느냐가
그 가치인 것을 알면
세상은 얼마나 아름다울까

저승 갈 때

아니 다시 태어날 때

그 방을 그 이불을

짊어지고 갈 것도 아닌데

이렇듯 마음 열고 보면 세상이 다르다

동녘이 밝아오듯

스스로의 밝음을 느끼며

세상은 황금빛으로 보여 간다

중중첩첩의 사연을 접고

이제 중생심에서 벗어나

해탈의 길로 가는 길에 황금빛 세상이 보인다

정진하여 쉬지 않으리

오늘마다 향로에 사른 향
마디마디 말없이 무너져 내려
향로를 가득 채운 그의 후신
위없이 사랑하는 나의 보물이다

그 은혜로움으로
아리어 흩어졌던 마음
잿빛으로 모여 들었네

미혹한 중생 곁에 다겁생 지어진 업
비켜서 돌아서 가는 길
어느 어디에도 없더라
눈에 보이는 세상 것은
영원한 내 것이 아니로되
육안으로 볼 수 없는 선악의 업은
꼬리를 물고
지난 세상 지금 세상 오는 세상을
놓지 않고 끝까지 따라다닌다

이러히 스스로 인정하면서
더없이 편안해지는 마음
순간을 피하려 애쓰지 않나니
미운 정 고운 정을 함께 끌어안아
나의 마음 나의 체온으로 나누며
지금 이대로
이 한마음 내려놓지 않고
이 영혼이 다 하도록
정진하여 쉬지 않으리
금강 같은 마음 한 눈금 어김없으리

나에게 찾아오는 손님(병마)

어느 날 이 몸 안에
남들이 싫어하는 손님이 찾아와도
나는 웃어 맞으리라

함께 피를 주며
함께 살을 주며
수행하고 정진한 나의 양식으로
다독다독 그와 함께 살다가
어느 날 나란히 함께 가리라

가는 길은 서로 달라
육신은 지수화풍으로
나는 또 다른 나로

육신이란 것 영원한 내 것 아니지만
그 없이 나
이 세간에 있을 수 없나니
벗어 놓고 가는 그날까지

대단하지 않음을 어떻게 우기랴

그가 비록 병마일지언정
미워하지 않고 사랑하리라
쓴 것이 약이 됨을 알면
단맛이 대단하지 않나니
어느 하나에 연연치 않으리라

세상사 내 몫이 아니면
날 찾을 리 있겠는가
오손도손 따뜻이 함께 살며
그윽한 진리의 향기 풍겨보리라
이것이 나의 신심이자 서원이다

기도해야지

저녁나절
서산머리에서 놀던 태양이
산 너머로 굴러 내리니
돌아선 노을빛만이
짝 없는 아름다움을 뿜어낸다
차츰
노을마저 밀려나고
가득 채워져 오는 회색빛 세상
점점 짙어만 오는데
어쩌나
초생달이 어서 커서
보름달 되게 기도해야지
별이네 마을에도
초롱불 내다 걸게 기도해야지
길 잃은 새들도
밤길 가는 비행기도
바른길 잘 찾아가도록 기도해야지
부처님 닮아가는 마음

나보다 너를
우리보다 일체를
더 편안하도록 기도해야지
죽는 날에 이르러
후회함이 없으려면
끊임없는 기도로
이 마음 이 육신 아낌없이 부려야지

샘물처럼 솟는 신심

십년 이십년 삼십년
강산이 여러 차례 변해가도
샘물처럼 솟는 나의 신심
솟아서 고여서 넘쳐서
꿈을 꾸는 속에서도
깨어 있는 샘물 같은 신심
끌어낼수록 점점 늘어나나니
절하며 염불하며 독경하며
난행고행으로 영글어간다
때로는 명상에 잠겨도 보면서
티 없는 옥처럼 수정처럼
세세생생 오염되지 않으리라
억겁의 성상을 넘고 돌았어도
무시무종 그 하나로
영원히 솟아날 신심이기에
그 이름
샘물처럼 솟는 신심이라 부른다
하고 싶어서도 기도하고

하기 싫어서도 기도하면서
나의 신조로 쌓아올린 신심으로
육바라밀 행을 갖추어
나의 수행을 완성하리라
저 허공 속에 무형탑을 바라보면서
샘물처럼 솟는 나의 신심

왔다 가는 길

맨발에
가사 한 벌 발우 하나로
우릴 깨워주신 부처님
세월이 기다려 주지 않음도
내가 멈추어 있지 않음도
역력히 보이셨으니
그마다 마음 열고 내려놓아
알뜰한 수행정진으로
한마음 넓혀가네
바다와도
대지와도
저 허공과도 같이
보람으로 살다가는 사바세계
내가 부른 난행고행을 마다 않고
무상의 높넓음을7
진리의 시한수로 대신해 보네
내 스스로 찾아온 세상이
이러히 님 따라 나선 길이옵기에

아름다운 세상이라 흥얼거려진다
내
왔다 가는 길
베일에 가린 것 하나하나 깨워
사랑으로 보리로 익혀가면서
좋아라 좋아 내 왔다 가는 길

나의 장엄

님의 부르심
거스르지 않고
순순히 따라나선 걸음
오늘 지금 이 시간까지
아스라이
이역만리를 걷고 걸어서 온 듯
마음으로 바라보는
인내로 얼룩진
삼십 년 넘은 세월
가슴 뭉클이며 쌓아올린
헤아려 다 할 수 없는
저 허공 속 무형탑 위로
하늘꽃이 흩날리네
태양꽃이 흩날리네
조용히 눈 감으면
그 장엄함을 본다
이 육신이 무너져 내리는 그날
내 영혼은

지어놓은 업 따라
인연 찾아 길을 뜬다

나무아미타불
나무아미타불
나무본사 아미타불

사바중생

한세상 와서
비켜갈 수 없다 하여
업만 따라 살다가는
그 모두는 사바중생
무지에서 벗어나지 못해
깨달음만 깨달음만
기다리게 하네

진리가
허공 가득 기웃거려도
지혜의 눈 뜨이지 않는
그 모두는 사바중생
번뇌 망상에서 헤어나지 못해
깨달음은 깨달음은
어쩌라고

무상을 잔뜩 실은 세월이
나란히 동승하려

불철주야 기다려도
억만년 사바중생
집 애착을 뿌리치지 못해
깨달음만 깨달음만
멀어져 가네

알 듯 말 듯
지혜의 눈 껌벅이다
아까운 세월만 보내는
억겁토록 사바중생
애닯다 이 노릇을 어쩌랴
깨달음은 깨달음은
기다림에 지치네

아흔의 고령이신 어머니

인연이 점점 멀어져만 가는 우리 어머니
얼마나 더 계실까
진리도 무상도 멀찌감치
그 누구보다도 정이 많으신 어머니
극락과 지옥도 반신반의시다
익은 것은 사랑처럼 내놓으시고
설익은 것은 미움처럼 내놓으신다
인욕이 공덕됨보다
끈끈한 옛 문화를 못 놓으서
현전에 덜 가까우신 우리 어머니
오늘을 투정처럼 보내신다
아름다움이 구겨지잖게
새벽마다 기도하는 자식 마음
차츰 헤아려 가시듯
그래 니 말 들어보면 니 말이 다 맞다
그러시면서
오랜 세월 젖은 업을 말리시려
애쓰시는 가지런한 마음

바라옵니다
구겨진 마음 주름
다림질한 듯 펴지소서
어렵고 힘들어도 그 인연 영그리려
끊임없는 정진 속에 한몫으로 있나니
어머니 우리 어머니
계시는 동안 가시는 길 가신 후
고이고이 편안하시라
이 딸자식 늘 기도하옵니다

나무아미타불 나무아미타불

내 마음에 내린 눈

눈이 내린다
내 마음에 하얀 눈이 내린다
숱한 번뇌도 포올포올 흰 눈 되어
있음도 없음도 골고루
삼라만상은 평등으로 묻힌다
이대로 한세상 사바의 탐진치가
오탁에서 피어나는 연꽃세상 되도록
흰 눈을 받으며 발원한다

눈이 내린다
내 마음에 뽀얀 눈이 내린다
나비처럼 내려앉아 세상을 덮는다
높낮음을 아랑곳없이
그대로가 무상이요 진리이어라
이대로 한세상
아. 인. 중생. 수자 사상을 여읠 수 있길
흰 눈을 맞으며 발원한다

눈이 내린다
내 마음에 명주솜 같은 눈이 내린다
티 없이 아름다운 세상 만들어낸다
반야의 저 언덕을 향하여
진리에서 무상으로 수놓여간다
이대로 한세상 하얀 눈처럼
너와 나 정말정말 청정히 살고 가도록
흰 눈을 바라보며 발원한다

내 작은 가슴

가슴이 뭉클하네
눈물이 나네

님이 되신 길 더듬어 보며
가슴에 모닥불이 지펴지네

님 가신 길
그 속으로 끼어들면서
차오르는 기쁨도
한가슴이라네

부처가 되는 길은
멀고도 어렵다지만
먹물 빛 그 속에서
나 아닌 너가 부처로 보일 때
나는 이미 부처이리라

지식이 세상을 휘어잡아도

지혜는
달빛 되어 깔아주면서
불꽃처럼 튕기는 지식 앞에도
자비로 덮어주는
지혜이려니

우리네 마음 안에
님은 이미 계셨네
가세 가세 어서 가세 불세계로
내 작은 가슴 안고……

나의 거울

책장 앞에
방석 깔고 베개 등받이
항상 즐겨 앉는
간소하고 멋이 있는 나의 자리
유일한 휴식처요 정진의 자리다

이렇듯 내가 있는 세상 안에
내가 만든 포근함에 쌓여 산다

세상 것 내 것인양
착각 속 지난날에서 풀려나
일찍이 내 것이 아님을 놓아버리니
텅 빈 그 자리
한 올 한 올
님의 따사로움으로 채워져
그것이
날 쫓아온 편안함이었으니

이제
무엇이 모자람인지 모르는 바보천치
세상 것을 내려놓은
마음 안에 마음
편안함이 흥건한 그 마음을
무엇으로 비추면 볼 수 있을까

그것이 행복인데
오직 나의 거울 나만이 비춰볼 수 있는
내 마음 안에 들어앉은
나의 거울 나만이 볼 수 있네

사리탑에서

운해가 내린다
한순간에 설악이 다 숨는다
오묘한 바위들도 따라 숨는다

이슬처럼 촉촉하니
무척 바쁜 듯이 내린다

아스라이 부처님의 자비인 듯
몽롱히 꿈속처럼 빠져든다

정상의 바위를 뚫고 솟은 듯
우뚝 솟은 석가세존 사리탑
많은 사람들은
참배만 하고 서서히 내려간다

밤은 점점 으슥해지는데
이백 계단 사리탑에 올랐던 사람들
이 정상을 다 내려가고

님의 기운 고스란히 혼자 받는 듯
기쁜 마음 한가슴 차오른다

자연이 피워낸
천년의 꽃으로 에워싸인 님의 사리탑
이 두 팔도 껴안은 듯 환희한 마음

돌아서기 싫어 너무 싫어서
이대로 이 정상에서 살고 싶지만
날이 밝으면 떠나야 한다

오늘밤은 좀 천천히 밝았으면 하는
지극히 간절한 마음
엎드려 절하며 님을 부른다

기묘는 가고 경진이 왔다

또 한해 기묘년은 가고
뒤따라 경진년이 왔다

동안거 오만배로 시작하여
정초 칠일기도
삼천불 삼천배 참회기도
이러히 심신이 잠들지 않게
하늘을 뚫을 것 같은 기상들이
세월 속에 묻혀간다

가는 세월 바쁘게
오는 세월 더 바쁘게 넘나들어도
그 세월 주인 없듯이

세상 것 내 것이라 이름할 것
또한 없네
무엇이 언제까지 내 것이겠는가
가슴이 싸늘하기 전에

마음 활짝 열어 살펴봄직도 하다

기묘년은 가고 경진년이 오듯이
전생이 가고 금생이 왔듯이
내생 그도 날마다 오고 있다

세월 가고 세월 와도
마음은 그대론데
그 마음 잘 다스리며
가는 세월 보내고
오는 세월 맞으니
그 세월 속에
성큼성큼 무상이 자란다
지혜가 자란다

내가 만든 나

어디쯤 갔을까
거슬러 내 지난날을 더듬어 본다
언제부터 대자유인이 되었던가
수행과 정진에
전념할 수 있었던 긴 세월
돌이켜 감사한다
지금껏 즐겨 오던 길
어느 날 멈추어 선 그 자리에서
내 마음이 덫이 아님에
스스로 고개 숙여진다
마음대로 선택하여
마음대로 살찌워가는 나의 삶
이 몸 버리고 가는 날에도
석양에 노을빛처럼 곱게 가고 싶다
늙음 죽음 기다려 태연하게
맞아줄 수 있으려 준비하는 마음
이르러 만나보고 싶어진다
까마득히 먼 길 같은 제자리걸음

고작 이것이 삶이였었다
유유히
그 세월을 노 저으며
바쁨 속 한가로움으로 행복했었다
간다는 온다는 말 없어도
내가 만든 운명을 안고
또 다른 나의 삶으로
불철주야 가고 있다

부처님 오신 날

오늘 부처님 오신 날
이 땅에 포근히 복비가 내린다
오해와 갈등은 대지를 스며들고
불연이 낳은 부처님 아들 딸
어두운 세상 밝히려
혼탁한 세상 맑히려
촘촘히 찾아 모여든다
미처 인연이 닿지 못한 이들께도
불연이 골고루 닿아
자자손손 전해져서
함이 없는 가이없는
부처님 마음 되도록 발원한다

오늘 부처님 오신 날
내 가녀린 이 한 등으로
간절한 밝음이 되어
어두운 마음도 밝게
어두운 세상도 밝게

저 북녘 땅까지
두루 밝아지기를
간절히 발원하오며
가슴 앞에 두 손 모은 나를
나 아닌 누구인 것처럼
비켜서서 명상으로 본다
오늘은 부처님 오신 날

나무석가모니불

옛 서울 경주

가없는 하늘도 내 것인 양
아름다운 자연도 내 것인양
해마다 옛 서울 경주에
벚꽃 절정을 찾아 만난다
내 눈으로 내 마음으로
차지하는 만큼은 내 몫이 아닐까
그린 듯 수놓은 듯
벚꽃들이 만든 하늘
살아 움직이는 하늘
내 마음 안에 가득 실어놓는다
그 속에
정진하는 내 영혼을 심어놓고
만끽하면서
온 세계를 돌아보는 듯 좋아한다
팔푼이 칠푼이 같은 나
바보 같은 등신 같은 행복이면 어때
알사탕처럼 쏟아보기도 하고
용마름처럼 틀어 엮어도 보면서

만고에
부러움 두려움이 비켜난 자리
도란도란 행복이 채워져가네
그 행복
보이지도 잡히지도 않지만
저승 갈 때 가져갈 수 있을 걸세
옛 서울 경주 아름다운 불국토
마치 여러 생 내 고향집처럼
찾고 찾고 그래도 또 찾는다오

세월의 소리

세월이 오는 소리 가는 소리
조용조용 몰래몰래 숨죽여
어디서 와서 어디로 가는지
옴이 없이 와서 감이 없이 가나 보다
어느 날
내 심장의 박동은 멈추어서도
그 세월은
옴이 없이 감이 없이 오가겠지
그 소리 내 두 귀로 듣지 못해도
거울 앞에 다다르면 눈으로 듣는다
봄 여름 가을 겨울 사계가 넘는 고개
눈보라도 비바람도 함께 넘었지
묵묵히 오가는 세월의 소리
임자 없는 그가 귀 없이도 눈 없이도
한마음 가득히 들리는 소리
영원히 살아 숨 쉬는 그 소리
깨어 듣는 이가 참 주인이다
진리의 소리

무상의 소리
세월의 소리
나의 생명인 시간의 소리까지
그 모두는 소리 없는 소리
영원의 소리였더라
앉은자리 그대로에서
귀 없이도 들을 수 있는
사바에 숱한 소리 없는 소리들

밤사이 내린 눈

밤사이 눈이 내렸다
자연이 지닌 아름다움
자연이 주는 풍요로움이 어디까진가
미처 모르고 산다
님의 화현이듯 나타나
세상을 골고루 덮어
탐진치도 번뇌도 없는 세상 보여주네
무언의 법음으로
평등을 열고
형상이 무너짐을 알게 하고
영원함이 없음을 보여주는
자연의 신비로움
그 모두가 함께 들어앉은 충만이었네
좋고 나쁨의 둘이 아닌
대상 대상마다가
귀하고 소중함을 알면
그 마다가 부처임을 본다
자연이 가진 보물

자연이 주는 무궁무진한 지혜
그 하나하나는
티 없는 스승이시오
짝 없는 스승이시네
그를 일러 진리라 불렀던가
저 허공 속에 머무르신 님이시여
그대 이름
진리시지요 무상이시지요
한가슴 가득히 차오릅니다

사월

앙상한 가지 비집고
연초록 순이 언제 나왔는지
파아라히 허공을 떠받치고 있다
시간을 다투어 짙어지는 녹음은
싱그러운 오월을 일구어가는데
나는 무엇을 할까
신록의 대자연을 바라보며
변함없는 내 것인 이 마음 하나
활짝 더 활짝 열어가야지
가슴이 뛴다
소녀의 가슴처럼
육신은 돌려보낼 때가 되어가지만
정신은 그렇지 않다
오월의 푸르름 사이로
오월의 파아란 하늘 너머로
동심의 세계를 비집고 든다
산 넘어 바다 건너
까마득히 가버린 날을 뒤적여본들

어쩌랴 돌아오지 않는 날
가버린 어깨너머로
물끄러미 바라볼 뿐이다
이렇게 왔다가
이렇게 가는 것을……

이 몸 있을 때

백년을 쌓았던들
천년을 쌓았던들
깨어 쌓지 아니하면
참으로 내 것 됨이 무엇이겠는가
소중한 시간을 소요하면서
듣고 보고 생각으로만
진리의 법륜을 굴려
수수십년 강산이 변한들
마음에서 몸으로
실로 행함이 아니었다면
어느 하나도 내 것 아니라오
그림의 떡으로 허기를 주리랴
누가 나대신 밥 먹어줄 수 있으랴
부지런히 공부하여
참으로 깨어 살다 가고 싶은 마음 있다면
이 몸 있을 때
평계를 여의고 게으름을 이겨내어
싫어서도 기도하고 좋아서도 정진하면서

꿈속에서 깨어 살다 가세
어물어물 한생은 찰나에 지나가네
부디 가는 날에 후회 없이 가시구려
이 몸 있을 때
간단없는 정진으로
깨달음에 다가가세
성불에 다가가세

어제와 오늘

어제는 을유년 오늘은 병술년이다
번개처럼 한해는 가고 다시 한해는 왔다
대 서원대로 무난히 잘 보내고 맞는다
연말연시를 토함산 정상에서 보낸
지난해에 이어 두 번째 도보로 상 하행
2005 일몰
재야의 법회와 타종
석굴암 새벽예불
2006 일출
불국사 사시예불을
여법이 행하고 충만히 맞는
여기 나의 어제와 오늘
머무름 없는 순간순간을
너무나 의미 깊게 보내는
눈물겨운 나날이 있다
슬퍼야만 우는가
대체로 나는 기뻐서 자주 운다
보람스러워도 운다

억척같은 정진의 뒷모습을 보고도 운다
어찌 슬퍼야만 우는가
나는 좋아서 많이 운다
뭉클하는 가슴 누르며 운다
울어도 울어도 서럽거나 아프지 않다
쓸려간 세월의 뒷모습을 바라보면서
다급함이 없는 준비된
푸근하고 넉넉함으로
부처님을 만난 기쁨을 이따금 새기며
한 터럭 걸림 없는 대견함을 만난다
이러히 한 목숨 다 바쳐 기꺼이 만든
나의 어제와 오늘

향 한 개비

가느다란 향 한 개비
가냘픈 그 몸매에
엄청난 불씨를 들여대도
순간의 두려움도 없이 깜빡거리는
사바의 등대시여
날으는 영혼은 어디로 가시나이까
인연 따라
다시 그 몸 받으러 가시나요
그윽한 향기 미소로 번지며
훌훌 날으는 만년의 모습
고귀하도다 거룩하도다
그대 벗어놓은 청정한 후신
지장성지 구화산 순례 때 구해온
연꽃모양 옥 향로에
가득히 차오릅니다
맑고도 고우신 그대
이 사바에 부끄러움 없으리니
중생의 찌든 탐 진 치

거두어 함께 타소서 함께 태우소서
탐 진 치
그는 본래 형상 없음으로
그 후신인들 있으리까
그 영혼인들 있으리까
그냥 거두어 함께 타소서
함께 태우소서

마하반야바라밀

섣달그믐

음력 섣달그믐
이 세간에 와서 반세기가 넘었다
설날 차례 준비를 해놓고
한해를 마감하는
산사를 찾아보기는 여지껏 처음이다
참회하는 마음
감사하는 마음이 뒤범벅이 된 채
백팔번뇌 풀어놓으며
부처님 전에 엎드린 마음
이래저래 새로이 태어나는 시작인 듯
내 이제
더 다부지게 공부하리라
다짐하면서
참회와 감사에 나의 집을 짓는다
지금 나를 비켜놓고
볼품없어도 보잘것있는 나를 위해
한세상 다 가기 전에
오늘 이 순간이 대단한 행운임을 새기며

님의 은혜를 아는 수행자가 되기를
내 이제 놓지 않을 것이다
촌음을 아껴 정진을 아끼지 않으리라

마하반야바라밀

천주

먼먼 부처님 나라에서
하늘을 날으면서
산을 넘고 바다를 건너
인연 따라 찾아온 나의 보물 천주
그 천주를 세며
영축산 부처님을 뵈옵는다
그 천주를 세며
오대산 문수보살님을 뵙는다
그 천주를 세며
아미산 보현보살님을 뵙는다
그 천주를 세며
보타 낙산사 관세음보살님을 뵙는다
그 천주를 세며
구화산 지장왕보살님을 뵙는다
한줌 흙으로 가는 길에
만고에 선근을 심으려 게으르지 않아
나의 오늘이 무너져
내 몸이 내 몸이 아닌 그날까지

아름다운 보살행으로
천상에서 내린 동아줄처럼
나의 천주를 잡고 행복으로 간다
보석보다 더 소중한 나의 보물 천주
어느 날 내가 놓고 가더라도
나 아닌
너가 더 소중히 쉬지 않고 굴려주리라

마하반야바라밀

청정

오탁에 묻힌 진리 파헤쳐 보니
지혜의 밝은 빛
눈부시네
마음 부시네
그러히 장엄한 몸(진리) 나투시니
사바촌 두루 밝아오네
싸늘한 달빛 아래
청념을 품어 안은 박꽃 보살님
당신도 한세상
아름다이 수놓아가네
깊은 밤 실바람에
바르르 흐느끼는 시려움
그 청정은
저 허공과도 같으오
다소고시 여미어온 초연한 모습
옅은 가슴에 고이 묻어두고
이 한 몸
이 한마음

청정 청정히 살리라
후오백년이라 이름하는
지금 이 시대 사바촌에서
이 한 마음
이 한 몸
청정 청정하리라
위로는 저 허공처럼
아래로는 박꽃 보살님처럼

새벽길

가던 걸음 멈추고
마음 다시 살펴본다
이 마음 도대체 어디에 있을까
육신 안에 있을까
아무래도 그건 아닌 것 같다
왠지 육신을 싸고 있을 것 같은 마음
그 마음이 탁 트이면
허공이라도 삼킬 것 같은 그런 것
야트막한 지혜의 눈으로
야트막한 지혜의 귀로
만리장성 같은 울타리 육신까지
게으름을 팽개친 한 수행자로
숱한 만남이나 헤어짐에도
아무런 걸림 없이
남은 삶을 충만으로
이 사바를 여행하면서
모든 고통 모든 아픔 다 쉬어
바른 지견과 함께 살리라

금정산사로 가는 새벽길
한껏 다짐하는 마음 곁에
한가슴 차오르는 환희심을

산하대지도 지켜본다
저 허공도 지켜본다

마하반야바라밀

칠불암

어제 내린 비로
개울이 가득한데
지리산 전신은
운해를 대가사처럼 두르고 있네
육십년 초행길
운해에 뒤덮인 칠불암 성전에
찹쌀 서되 풀어 올리고
향 한 개비 사루어
부처님 눈 맞추며
백팔배 하는 내게
님은 엷은 미소 띄워 보이시네
아자방 창문 열고 보니
서로 등 돌리고
선정에 드신 스님들
부처님 많이도 닮으셨네
깨달음으로 가는 길
어찌 호락호락하기만 하리요
가시는 길

그 어떠히 험난하여도
부디 깨달음에 이르소서
성불에 이르소서
부디 깨달음에 이르소서
성불에 이르소서

마하반야바라밀

봉정암 불뇌보탑

자연이 피운 천년의 꽃이
탑신을 휘감은
유구한 세월 앞에 설악산 봉정암
찾는 이마다
흠뻑 빠져드는 신심의 도가니

이천년으로 내닫는 세월의 꽃
찬 서리 눈보라
비바람의 양식으로
살찌워 가면서
향기도 그윽히 익어가네

님의 얼을 고이 담고
삼천년 오천년 만년으로 가는
석가세존 탑신에
바람도 쉬어 경배하고
구름도 멈추어 예경하니
세월은 부단히 용맹정진 하네

지수화풍 내 작은 우주에도
체온이 식기 전에
흰머리 주름살 저승꽃들
조용조용 늘어서네
이것이 자연의 미동이기에
오가는 사연들 곱게 접으며
끊임없이 정진하며 수행하리

이천 년을 맞으며

새천년이라고들
야단법석이던 이천 년
여느 때처럼
지구는 태양을 돌면서
또 다른 아침이 온다
한생을 마감해가는 길목에
내 남은 여생
하던 일 하나하나 줄이면서
있는 듯 없는 듯
조용히 숨소리도 나직하니
기도하며 살다가려 한다
얽으며 얽히며 살아온 세월
한 올 한 올 가려내면서
이제 남은 소망으로
무심히 버려진 휴지조각도 주워주고
담배꽁초도 주워주며
우리 부처님 얘기도
나에게 있는 대로 들려주면서

어느 날 떠나야 할 마음 잘 접어
가지런히 모나지 않게
가는 길에 꼴불견이 되지 않도록
다분히 준비하는 마음
그 큰 보람을 씹어 맛보며
그 마저도
깨달음의 한 부위임을 안다
후미진 연못에
한 송이 연꽃처럼 살다가련다

늘 깨어 살리라

작은 돌 하나 풀 한 포기
한 티끌 한 먼지에 이르기까지
내 곁에 존재하는 모든 사물
더불어 사는 삶이긴 하지만
언뜻 마음 동하질 않았다
하지만 부처님 제자이기에 차츰
나 속에 세상을 보며
세상 속에 나를 보아간다
비가 오나 눈이 오나 바람이 부나
정진에서 멈춰 서지 못했던
그 껍질 일진행
이름 따라 마음 왔던가
마음 따라 이름 왔던가
엄청난 고행에도 무릎 꿇지 않았다
부처님께서 중생제도 하시려
인간의 몸으로 정반왕궁에 오시듯
석가모니부처님을 찾아
이 사바에 왔을 것 같은 나

고리 고리 이어진 인연 아닐까
그러함이 없이야
야트막한 소견에 묻힌 신심으로
금강 같은 마음 나 어찌 있으랴
부지런히 수행 정진하여
법계의 큰 품속에서
늘 깨어 살리라

나의 업

수줍어 얼굴 붉히며
당신을 만나
함정 같은 세월 속에
힘겨웠던 숱한 지난날
지금은 돌아보면
아지랑이처럼 아른거리는 추억이라오
헤어날 것 같으면서도
짓눌려 오던
그것이 업이었던가 보죠
바쁜 듯 당신은 먼저 가고
악몽 같은 세월 속에
깊어가는 주름살 위엔 저승꽃 피우며
그 무거운 업을 짊어지고도
청정을 잔뜩 실은 마음
살아서도 죽은 듯이
된서리 속에서도
일찍이 두려움 접어놓아
얼마나 다행한지요

당신을 만나 먼저 보내드리고
오늘이 있기까지
견디어온 그 기운으로
아름다운 저녁노을처럼
남은 여생 일구어 내리다

보내는 등나무

강산이 두 번 넘어 변한 세월을
작은 분에서
파아라히 보라색 꽃 주렁주렁
포도송이처럼 매달아
싱그러운 향기 내뿜으며
누구를 위하여
그 기운을 펼쳤던가
그토록 깊은 인연 조금은 멀어져
다문다문 만남이 되더라도
염화실 큰스님께 데려다 주마
싱그러운 꽃망울
주렁주렁 한 짐 실은데
진리가 보이는 세상구경 시키고 싶단다
오랜 세월
가두어둔 마음 너무 미안했었어
이제라도 훨훨
산사의 향기 속에서
넉넉한 그대 향기 함께 풍기어

큰스님의 쾌유를 앞당겨다오
오가는 인연들 맞아 보내며
보다 더 아름다이 보다 더 향기로이
꽃 피워주길 당부하면서
시집보내는 딸처럼 보내는 마음
나만이 알리라

이어질 내 인생

작은 하나를 버리면
큰 하나를 줍지 말아야지
싫으면 싫은 대로
좋으면 좋은 대로
버리고 줍기에 연연하지 말지어다
여기에나 저기에나 집착하면
대롱대롱 매달려 살기
얼마나 괴로운가
이제 불연의 힘으로
스스로 내 인생 내 마음대로
만들어갈 수 있나니
얼마나 멋이 있는가
이 사바세계
심어진 악연일랑 거두어들이며
세상사 턱걸이로 괴로워 말지다
번뇌는 날개 달아 띄워 보내고
탐 진 치는 추를 달아 내려놓으면
지혜가 깨어나서 무럭무럭 자라나

오는 세상 원만 충만 구족하리다
보다 청정하게
보다 아름답게
보다 행복하게 이어질 나의 생이
저만치 밝아오나니
내가 나의 힘으로
일구어갈 수 있는 사바세계
이 모두를
엎드려 절하며 불연에 감사한다

부처님 오신 날 2

통일염원 천일정진
도량에
이 한 등불 바치옵니다

통일의 등불이옵니다

이 한 등
아낌없이 밝히오니

간절한 이 마음
추호도 헛되지 않아지이다

여지껏
못다 이룬 원 이루어지이다

동강난 허리
평화로 치유되어서

삼천리는 하나 되어
만세 만세 만만세 하여이다

이 한 등 밝히옵고
두손 모아 일심발원 하옵니다

어두운 마음
어두운 세상

기어이 밝아지이다

나무석가모니불

봄이 오는 소리

겨우내 굳어진 마음

가까스로 녹여서

온갖 망상들을 훌훌 띄운다

양지바른 언덕 아래

살금살금 기는 봄이

담장 안에 매화나무 기웃거리니

할미꽃은 다소고시 입술 여네

아물아물 아지랑이

봄을 나르는 소리

눈에만 마음에만 들리는 소리

아직은 약간 이른 길목에서

쌓인 번뇌들이 주춤거린다

그들이 훌훌 날아가면

잽싸게 봄이 오는 소리

귀는 듣지 못해도 눈은 듣는 소리

논두렁 밭두렁 몰래 넘어와

담장 안 매화나무에

살며시 앉아서

아무도 모르게
한 송이 또 한 송이 피워내겠지
이러히 봄이 오는 소리
가만 가만 숨죽여 와도
마음으로 들으리다
귀 없듯이 눈으로 들으리다
나비처럼 가볍게 봄이 오는 소리

삼월불사

승보종찰 조계산 송광사에
이 생에 처음 이틀을 묵는다
큰법당에서 첫 밤을 새우며
불보살님 원만 상호를 우러러 눈 맞추며
삼천배를 해냈고
둘째 밤은
사자루에서 대덕스님의 법문을 들으며
한 눈금 성숙했을까 생각해본다
틈틈이
금강경
아미타경
지장경을 독경하면서
불씨가 튕기면
불이 지필 것 같았던 신심으로
계첩을 받아 안고
대웅보전
관음전
지장전

법성도를 돌아
국사전에 오른다
삼월불사의 뜨거운 정기를 듬뿍 지니고
보조스님 종재에 분향하옵고
귀갓길에 든다
어렵게나마 동참할 수 있었음에 감사한다

정축년 봄

섬동이 애기 솔

한산섬 바닥에서 뒹굴다
날 따라온 솔방울 하나
그 속에서 애기 솔이 태어났다

갓난 애기 솔
엄마 섬이 그리울까 걱정된다

예쁜 꽃친구도 놀게 하고
지나가던 까치도 놀아준다
산새 들새도 쉬어가는
우리 안뜰에
철 따라 들려주는
매미 소리 귀뚜라미 소리도
세월이 가는 거란다

애기 솔아
너도 어서 무럭무럭 자라려므나
고향 섬 소식은

바닷바람 지나갈 때 묻자구나
네가 커서 살쪄 가면
나는 호호가 되겠지만
이런 것 모두가
세상 속에 담겨진 진리란다

섬동이 애기 솔아
나는 늙어 호호되어도 좋으니
너는 어서 자라 어른 솔이 되거라
한산섬동이 애기 솔아

나를 너인 듯 만나본다

예로부터
십년이면 강산이 변한다는데
부처님 따라 나선 걸음
삼십 성상이라니
같은 하늘 아래
지혜와 무지는 늘 함께 산다

하지만
세상사는 톱니바퀴 같지 않아
무지가 기승을 부릴 때도
지혜는 조용히 기다려준다
얼마나 아름다운가
사람들이 멍들어 가슴앓이 할 때도
영약은 말없이 곁에서 기다려준다

인연이 도래되면
부처님의 말씀
진리의 말씀으로 특효약이 되어

이 세간에 뿌리내려 무성하기를
머리 조아려 서원하면서
아낌없이 쏟아내는 태양처럼
편안히 흐르는 달빛처럼
어느 한곳에 메이지도 잡히지도 않는
끊임없는 정진 곁에 수행 곁에서
나를 너인 듯 만나본다
진리 속에서 무상 속에서
허허로이 한가로이
나를 너인 듯이 만나본다

마하반야바라밀

한 지붕 아래 한 마당 위에

하늘은 지붕 대지는 마당
얼마나 넉넉하고 두루한가
한 지붕 아래 한 마당 위에

숨겨놓아도 찾아내어도
내다버려도 주워드려도
한 지붕 아래 한 마당 위에

너도 오고 나도 와서
지은 대로 인연 따라 다시 가도
한 지붕 아래 한 마당 위에

피고 지고 우지짐들 다함께
선악의 모든 사연 짊어진 채
한 지붕 아래 한 마당 위에

한결같은 님의 말씀 받들어
무시무종 큰 깨달음에 이르러도

한 지붕 아래 한 마당 위에

천년이 가고 만년이 와도
님의 말씀 고스란히 새겨 안고
행복한 터전 일구어 가세
한 지붕 아래 한 마당 위에

우리 안마당에 온 가을

우리 집 화분에 가을이 온다
백일홍 나무에는 검붉은 가을이
오죽은 보랏빛으로 짙어오는 가을이
동백은 꽃망울이 굵어지는 가을이
등나무는 해맑은 노란 가을이
솔잎은 언제 내려누웠는지
갈비만 도톰히 쌓였네
모과나무는 빨갛게 노랗게
은행나무는 연노랑으로 물들어가고
철쭉은 늑장을 부리는
앞서거니 뒤서거니 가을이 온다
으스댐도 뽐냄도 없이
조용조용 소리 없이
자기마다 서로 다르게
우리 안마당에 가을이 온다
이따금 이름 모를 작은 새들이
쨱쨱거리며 쉬어가고
까치는 높은 등나무에 앉아

깍깍거리며 내려다본다
풀벌레 소린 멀어져가도
잔치마당처럼 갈아입은 옷들 사이로
부러운 듯 햇살이 기웃거린다
아름다워라 간들
바람도 찾아드네

가슴에 무덤

멀지 않은 가장 가까운 곳에

작은 손길이 닿아야 할 곳에

내가 주저앉은 핑계로

훌쩍 지나 보낸 일이 있다

간간히 돌아 보일 때마다 지워지지 않고

가슴에 무덤으로 남아 있어

때로는 밀어내어 봐도

좀처럼 밀려나지 않는다

그 무덤에 무슨 날개를 달아서

띄워 보낼까

민들레처럼

할미꽃처럼

깃털을 달아 놓아주면

어디론가 날아가 뿌리를 내릴까

그때 주워 담지 못한 그 마음이

가슴에 이런 무덤으로 남을 줄이야

이러히

한 고개 또 한 고개 넘으면서

고개마다 돌이킬 수 없는 고개임을
넘으며 또 넘으며 뒤늦게 안다
버스는 지나가버렸는데
아! 미련한 중생이여

산사에서 오는 길

겨울 해가 서산에 걸린 늦은 오후
동편 먼 산에만 햇살이 널려 있다
병자년을 보내는 마음
계명암 약사여래부처님을 뵙고
하산하는 길이다
앙상한 나무들
그 많은 잎들을 다 떨구고
알몸으로 새봄을 맞으려
떨며 기다리는 고행 속엔
윤기 나는 연초록 새 가족을 만날 기쁨이
숨어 있네
무심히 고개를 들어 바라보니
사방 간방으로 병풍처럼 둘러쳐진 산주령
그 가운데 걸린 초여드레 달이
거꾸로 매달린 호수에
나룻배 아닐런가
머리 위에 이고 서서 보는 한 폭의 그림
마치

깨달음의 장인 듯 펼쳐져 있다
이러히
항상 신비로움 속에 사는 기쁨
얼마나 복된가
하늘만큼 땅만큼이지
해탈이 어디 다른 세상에 있겠는가
이것이 반야로 가는 길
열반으로 가는 길이리라

병자년 납월 약사재일

수행

한 날 한 날이 모여
백 날 천 날이 되더니
구천 날을 지나 만 날이 되어가네
희열에 찬 가슴 안고
다시(되돌려) 보고 싶어진다
먼 먼 길 같은 제자리걸음
세월만 어디론가 가버렸다
그 세월 동안
핑계와 게으름 어이 이겼던가
뭉클한 가슴 누르며
벅찬 기쁨을 맛본다
마음 따라
육신이 억겁을 오간들
저 하늘 아래
이 땅 위에 그대론데
허공 속에 묻혀버린 지난날들은
잡힐 듯 잡힐 듯 멀어져만 가네
긴 여정 속에서

스스로 일궈가는 한세상
허허로이 가슴 열어
한 송이 연꽃처럼 피워 갈래요
조용히 살고 갈래요

마하반야바라밀

금정산을 내려오면서

금정산사에서 하산하는 길이다
우러러 고개를 드니
옥빛 하늘에 한 점 작은 티도 없네
비단에도 험이 있고
옥에도 티가 있다던
옛 어른들의 말씀이 생각난다
며칠 전에 야위었던 초생달은
어느새 토실토실 살쪄 있구나
지는 해는
금정산 높낮음을 들락거리며
찬란히 무지갯빛을 한껏 토해낸다
허허로이 높넓어 무한한 허공을
하얀 반쪽달이
전세라도 낸 듯 혼자서 만판이네
어제가 성도재일
바람도 구름도 구도의 길 찾아
아직도 용맹정진 중인가
한 줌 안에 들 것 같은 하얀 반달이

그 하늘을 다 차지하고도
위세는커녕
그 빛을 발하기 전엔 있는지 없는지
그마저도 알 수 없는
미덕을 지니고 있었으니
그대는 본래 부처였었구나
정녕 그대는 부처였었구나

계미 납월

계미년 납월

한겨울 금정산
조용한 기슭에
역대 스님네 부도탑전

쌓였던 낙엽은
스님네 비 끝에 밀려나고
얼고 녹은 자연의 발치에
인적이 드문 겨울 산
간간이 다람쥐들이 지나다닌다

서른 분 스님네를 생각하며
뵐 수 있는 자리
하루 이틀 사흘 나흘 닷새 엿새
이레 동안을 다니면서
사리 방광 부도탑을 돌았네

오늘이 그 마지막 날
한적한 겨울 산

부도탑 돌아 돌며 밟은 자국
남아 그대로 있네
비가 내리고 바람이 불어
자연이 비질할 때까지
외로워도 지루하더라도
그냥 그대로 기다려주려므나

휴지통 속의 여인

무심코 들여다본 휴지통에
예쁘게 웃고 있는 여인이 있었다
순간
지옥에 떨어진 여인으로
비유해보면서
나 자신을 들여다본다
육신 안에 불결함을 알면
방안 휴지통쯤이야
하지만 쓰레기통이잖아
그 속에서
커피 한 잔을 들고 활짝 웃는 여인
미모의 그는 한생각 초월했던가
세간 여인들 그 모두
얼굴보다 차림보다
온갖 장신구 그보다 더
아름다운 마음 있다면
그 얼마나 소중할까
나는 버리지 않고도 남들이 버린 것

웃으며 내가 줍는 마음
아는 것이 잘나지 않고
모르는 것이 못나지 않은
티 없이 아름다운 마음들
꼭 멀리 있지만은 않겠지
도반이 갖다 준 믹스커피
알맹이는 먹고
휴지통에 버린 껍질의 여인
우연히 그를 보면서
나를 돌아보고
이런 저런 생각을 해보았으니
세상에 유익하지 않은 것이 정말 없구나
지나쳐 흘려보내지만 않으면
선지식 아님이 없구려
나를 다시 돌아볼 수 있는 기회
이 작은 마음도
수행 속에 정진 속에 있었을까

코스모스

아스라이
새까만 사리로 멎을 때까지
서릿발을 이겨내는
당신의 이름은 코스모스
청빈을 상징하듯
꽃잎 잎마다 나른히
번뇌도 탐진치도 떨쳐버린
맑은 수행자의 모습으로
해맑아히
가을바람에 간들거리며
온몸으로 부르는 소리
한 점 티 없음을 나는 듣는다오
눈을 떠도 눈을 감아도
당신이 부르는 소리
귓가에 눈가에 맴돈다오
그 모습 속에서 그 소리 속에서
알뜰히 영글은 사리
한생을 여닫는

진리의 오묘함을 안고
고이 잠들었다가
시절 인연 도래하면 또 만나요
안녕히 안녕히

뒹구는 낙엽

한생을 마감하는 소리 우수수
그 한마디로 아무런 투정 없이
내려누운 그 자리 그대로
한줌 흙이 되려는가요

바람이 미는 대로 이리 저리
오가다 멈추어져 거역하지 않은 채
드러누운 그 자리 그대로
한줌 흙이 되려는가요

밟히고 밟히면서 아무 말 없이
몸이 다 부서지는 아픔을 견디며
몸져누운 자리 그대로
자연의 품으로 가려는가요

뒹굴다 밀리다 어쩔 수 없이
눌리어 부서지며 혼자 앓다가
인연 따라 묵묵히 그대로

자연의 품으로 가려는가요

물소리 새소리 바람소리
끊임없는 무언의 설법으로
반야의 저 언덕에 이를 그대들
거룩하셔라 위대하셔라

병자년 늦가을

보궁 참배 길에 오르면서

기묘년 사월
부처님 오심을 되새기며
보궁 참배 길에 오른다
떠날 때마다
처음인 듯 설레는 그 마음이다
일흔을 문턱에 두고
금생을 마무리해가는 마음
조심스레 내딛는 걸음
어느 하루 멈추어 있지 않은 신심
난행고행 그 어디에도
두려움은커녕
청춘인 듯 쌓아가는 무형탑
도대체 어디까지인가
이 육신이 다하고 이어질 다음 생
출가 수행자로 다져가는 마음
한 치 어긋남이 없기를 바란다
지금은
오로지 그 길목일 뿐이다

엉금엉금 기어 넘을 설악의 정상
부처님 뇌사리탑전에서 묵어야 할 하루
금강경 백여덟 번 완독을 서원하나니
장애 없기를 바라는 간절함으로
가슴 앞에 두 손이 모아진다

마하반야바라밀

보이는 세상

시방에 두루하신 부처님

언제 어느 어디에도
아니 계신 곳 없으시련만

미혹한 중생 눈에 보이지 않아
기어이 그 모습 찾아뵈려고

난행고행으로 수미산을 기어 넘어
겹겹이 닫힌 마음 문 열어젖히니

바로 그 자리 그 자리에서
시방세계 많은 부처님
마음 안에 부처님
함께 뵐 수 있었네

한마음 오롯이 밝아오니
세상은 아름다운 세상이었네

너와 나는 나와 너는 하나인 세상
내 것이 네 것이요 네 것이 내 것인
진리의 눈금만 볼 수 있으면
욕심 부릴 일 추호도 없네

내가 가진 네가 가진 세상 것
소중히 쓰다가 두고 갈 뿐이네

마하
반야
바라밀

긴 장마

깍깍깍깍
아침마다 들려주던 까치소리
그렇게도 당당하던 소리가
깍깍깍깍 깍깍깍깍
조금은 걱정스러운 듯 들린다
왜 그럴까
내 마음일까
아니면 긴 장마에
집안이 눅눅하기라도 할까
마치 근심거리가 생긴 듯
조금은 애처로이 들려온다
무언가
불편함을 털어놓는 건 아닌지
마음 쓰인다
하지만 서로의 삶이 다르니까
빈 마음뿐이어서 미안하구나
이른 아침마다
항상 나를 기쁘게 해주었지만

나는 무엇인가를 돌려줄 수 없어
미안 미안하구나
아무리 생각해봐도
나로선 아무런 대책이 없어
빈 마음
미안함만이라도 전하고 싶구나
미안 미안 미안이라고

한줌 흙으로 가는 길

너와 나 나와 너
한줌 흙으로 가는 길에
님을 만난 기쁨
맛으로 못 보면
헤아려 어찌 아리오
게으름을 딛고
고행 길 찾아 나섰기에
오월의 죽순처럼
한생각 뚫고 자라나서
미혹을 깨뜨리는
영약이 되어
숨 가쁜 사바고개
쉬어 넘으며
한줌 흙으로 가는 길에
부처님 세상 넓혀가는
우리는 모두 미래부처
육신은 낡아져가도
마음은 성숙해가면서

한줌 흙으로 가는 길에
끊임없는 수행정진으로
우리 모두 성불하고저
무엇을 주저하며 무엇을 아끼랴
보리심으로
보리행원으로
보리도에 충만하여이다

홍련암 밤바다

회색빛 하늘이 내려앉은 듯
칠흑 같은 홍련암 밤바다
어쩌자고
파도 소리만 이러히 드높은가
깨어져라 몰아치는
모여 앉은 바윗전의 아픈 소리
밤이 깊을수록 점점 사나워오는데
먼 바다 오징어잡이 불빛은 늘어앉아
밤바다를 수놓은 듯
올 때마다 그때처럼 보인다
때리면서 맞으면서
부딪치면서 떠밀리면서
잿빛으로 가득 찬 홍련암 밤바다
일어섰다 드러누운 파도를 가려낼 수 없음이
본래 한몸이었음을
아는 듯 말해준다
나도 모르는 사이
저 바다를 한걸음에 달려온 마음

사방팔방 상하방으로 모여든
온통 진회색 빛으로
한 폭의 그림 같은 홍련암 밤바다
잔뜩 장엄하고 나선 오징어잡이 불빛만이
우리네 철야정진을 지켜주는 듯
한가슴 신심으로 차오른다

나무관세음보살

어언 삼십 년

긴 터널을 지나와서
세상 속에 나 있고
나 속에 세상 있음을 보네
탐 진 치 온갖 번뇌
고스란히 지닌 채
엉거주춤 어설피 나선 길
어언 삼십 년
무엇을 구하고
무엇을 버렸던가
있는 그대로 없는 그대로
그 모두 구함이었네
그 모두 버림이었네
두 손 풀고 가는 길에
이 육신마저도
돌려줌이 진리이거늘
이러히
무상함을 뚫어볼 때
아까운 시간

어디에 무엇에 마음 주랴

겹겹이 쌓인 업을

참회와 정진으로

그마다 낱낱이 녹여낼 때

참으로 진정한 수행이리라

애써

마음 깨워 발심하여

실다운 수행 속에 실다운 정진 속에

마지막 임종길이

환희 밝아 있으리라

내생 길은

더더욱 밝아 있으리라

그 모두 모두를

허공 속으로

훌훌 날려 훌훌 띄워

법계 만방에 회향하오리

흐르는 세월(며늘애기 공부하러 가고)

냇물처럼 흐르는 세월이

내 무거운 마음을 덜어주네

작은 일에도

마치 세상을 바꿀 것 마냥

일하는 이것이 나의 업이라

길게 느껴지던

하루 이틀 꼽던 세월 밀고

언제인 듯 훌쩍

며늘애기

귀국 비행기 탄다 소식 왔네

매사에 소홀하지 않는 마음

몸도 마음도 무거웠는데

훌쩍 지나가는 세월 덕분에

한결 마음 짐 덜어지네

그 누가 아닌

세월에 감사한다

만물의 영장이라 이름하면서도

사상을 여의기 쉽지 않은데

만상을 떨쳐버린 세월이여
삼라만상 우주법계를 싣고도
멈추어 투쟁 한 번 없이
참으로 위대한 세월이여
그대가 부처님이신 줄
미혹해 알지 못했음을
진리 앞에 머리 숙여
진참회 하옵니다

옴 살바 못자모지 사다야 사바하

세월 따라 마음 따라

봄인 듯 여름 와서
여름인 듯 가을 문턱이네
어슬렁 가을 지나
겨울이 오면
한해는 또 저문다

무척 바쁘게들 온 길
돌아보니
온 것도 간 것도 아닌
그 자리 제자리에서
끊임없이 맴돈 사실을
어쩌랴만

다행히 님을 만난 인연의
잊었던 감사함이 살아난다

이래저래 숱한 인연들
무수히 많건만은

각기 버리고 떠나야 할
인연 아님이 없더라
만겁에도
영원불변이란
찾아볼 수 없나니
낡아져 부서져 흩어져
헤어짐 아님이 없더라

그 가운데
너무나도 위대한 내 것 하나
그것 일러 마음이라 불렀네

그 마음
최선의 인내로 다듬어 가꾸어
물처럼 바람처럼 허공처럼
걸림 없는 나 되어
만세에 유전하리
그가 모양 있었다면
그도 내 것 아니었으리

나무아미타불

아는 듯 모르는 듯
오늘도 가고 있네
때가 되면 속절없이 가야하는 길
거역할 사람 뉘던가

애지중지 살림 늘여
문전옥답 들여놓고
저승 갈 때
짊어지고 가는 사람 봤던가

오늘 하루
이 몸 지탱을 감사하면서
마음 닦아 행할진대
가고 옴이 무슨 걱정이랴

방심 놓은 일념으로
수행 정진하던 자리에
사대육신 벗어놓고

오롯이 한세상 멎을 때

아미타불
아미타불
나무아미타불

오늘을 보내고

하루를 다 보내고
선풍기 바람 앞에 누워본다
육신의 눈은 내 작은 하늘을 바라보고
마음의 눈은 조용히 나를 본다
오늘도 게으르지 않게 잘 보냈구나
흩어진 일들을 간추리며
좋은 하루였었다
이래저래 쇼핑할 일 없고
이제저제 계모임 갈 일 없으니
바쁜 일상 속에 한가로움이 늘 있다
이것은 내가 만든
내가 정한 나의 법이다
마음만 내면 곧 할 수 있는 나의 모든 것
얼마나 다행한가
이대로 한세상 감사하기만 하다
금생엔 재가수행자로
다음 생은 필히 반듯한
출가 삭발수행자로

티 없이 살리라 다져진 마음
삼십 년 벼랑 끝에 서서
마치 지금인 듯 기뻐온다
생을 접는 그날까지
아낌없는 정진으로 이어가리라

다시 몸 받아와서

그제처럼
어제처럼
예불시간이 가까워오는 새벽이다
내가 왔듯이
가야할 시간도 함께 오고 있다
보이는 보이지 않는 준비로
그날을 기다리듯 하는 마음은
항상 곁에 있다
멀리 있는 것 같긴 해도
그렇지만은 않을 것 같은
어느 날 갑자기처럼
내 앞에 다가설 그날
날마다 날마다 지키면서
옆에 두고 산다네
그 마음 안엔
두려움이나 아쉬움이기 전에
편안함이 항상 자리 잡고 있다
나로선 모든 할일이 끝난지라

밤사이 간들 애석할 일 없다
좀 더 머물거려 봤자
새로이 무슨 일을 하겠는가
일상 기도나 그대로 하고 있을 뿐이지
차라리 다시 몸 받아와서
더 큰 보람으로 살고 싶다

나무아미타불

빈손

어차피 세상 것
놓고 갈 것인데
초라하게 거기 매달려 무엇하랴
쓰다가 그대로 두고 갈 것인데
욕심 부려 쌓아 모아 무엇에 쓰랴
인정 쓰고 선심 쓰고
가벼이 갈 것이지
짊어지고 무거이 헤매기보다
홀홀 벗어놓으면 가벼울 걸
왜 바보처럼 무겁게 가랴
마음 있는 자여
마음 한번 열어 보구려
나눔 속에 복이 있고 공덕 있나니
마음에서 두 손으로 덜어내면서
욕심을 떠나보내는 기쁨
그 기쁨 목숨과도 같은 줄 알고
올 때처럼 갈 때도 빈손이면 된다오
쥐었던 주먹 풀어 그 손으로

안녕히 안녕히라 흔들어주고 가요
소유보다 더 아름다운 무소유
이것 일러 무아라 무상이라
말하지 않았을까
올 때도 빈손 갈 때도 빈손

지금 이대로에 충만

모자람 하나하나 채워져가는
작은 가슴 부여안고
부처님을 바라보는 지금 이 마음
환희지에 머무른 이 복됨을
누가 아랴
눈시울이 뜨거운 채
나만이 안다
내일은 경주로
혼자서 벚꽃구경 갈 테다
그림자만이 따라다니는 세상구경
지금 이대로가 너무 좋아라
점심은 흰밥에 오이피클 몇 조각
지금 이대로가 충만이어라
내 마음대로 내가 부르는 내 노래에
주르르 눈물이 따라 흐르는
지금 이대로가 행복이어라
남은 여생 올 때처럼 나 혼자
모든 시름 다 잊고

세상구경 이러히도 편안히
지금 이대로 내 한생에 큰 몫으로
깨어보면 잔잔한 행복이 숱한데
세상 사람들은 왜 먼 행복을 찾을까
세상 행복이 아무리 즐비해도
세상 괴로움이 산더미 같아도
지금 이대로가 내 것이기에
그건 내 것 아니네

그건 충만이 아니라네

나의 업이 다 하여도

수없이 많은 날 나를 지키며
검은 머리 희어져 있다
왠지 무엇인지 알지 못해도
그 많은 사연들을 다 접으며
그것이 진리임을 숙연할 수 있었으니
얼마나 다행했던가
님을 인연하지 못했더라면
얼마나 애이고 괴로웠겠는가
살아도 죽은 듯이
묵묵히 절하며
나의 업이 다 할 때까지
육신이 다 닳아 구멍이 나도
그때를 기다려 조급하지 않으리라
이천 년 말
우연히 시작하게 된 자비도량참법
내 마지막 서원이 될는지
천팔십 일간
일백여덟 번 진참회 하고자

날마다 엎드려 읽으며 절하며
마치
정진하는 기계처럼 움직인다
머리맡에 흰 종이 항상 있어
한 줄 한 줄 나를 써 내림도
더없는 즐거움이기에
이대로에 만판 행복해하면서
지극한 마음 간절한 마음으로
나의 업이 다하여도
세세생생 이대로
님께 엎드려 절하며 살리라
오늘 지금처럼
부처님 생각하며 이대로 살리라

다정한 모녀 같은 도반

늘 당신을 보아오면서
당신의 담장이 너무 높아
일하는 열성에
약간의 틈을 주고 싶소
알맹이는 더없이 충실하지만
당신의 괴로움 아니던가요
조금은 허술한 사이로
지나가던 바람이 새어듦도
나름대로 멋이 될 거예요
이 가을에 내려앉은 낙엽들을
싹싹 쓸어내기보다
높은 곳엔 높은 대로
낮은 곳엔 낮은 대로
자연이 쌓은 대로
자연이 밀어놓은 대로
밟히고 밟으면서
더불어 삶도 얼마나 푸근할까요
콩 심은 데 콩 나고

팥 심은 데 팥 남은 너무나 당연하지만
그래도 그 담장을 조금만 낮추어 보세요
우리는 부처님을 만난 인연 있으니
바쁜 속에서도 한가로움으로
님을 닮아가며 편안한 나를 만들어가요
올 때 빈손으로 왔잖아요
갈 때도 빈손이면 되요
우린 다정한 모녀 같은 사이
이러히 털어놓을 수 있음이
얼마나 좋아요
구희 보살님

꽃비가 내린다

한세상 언제인 듯
어느덧 노을빛이 한 아름이다
밤낮으로 자라온 세월은
성큼 자라나
십 년이면 강산이 변한다는데
수없이 변한 강산이었구나
무심히 고개를 들어
하늘을 보니
감로의 법구름이 지나가며
지혜의 꽃비를 뿌린다
깜짝 깨어보니
무한히 아름다운 세상이었더라
말세도 악세도
된서리도 무서리도 아랑곳없이
꽃구름이 지나가며
꽃비 되어 이 세간에 내린다

이러히 지견을 열면

세상은 그대로 황금빛 세상
번뇌는 안개처럼 걷어져 내린다
저 언덕으로 가는 무지개다리 위에
그 하늘에서 꽃비가 내린다
어서 가세 어서 가세
무지개다리 건너 저 언덕으로

마하반야바라밀

나의 조국 반도 삼천리

그 언제였던가
예측할 수조차도 없을 그 먼 날에
성주괴공으로 탄생했을 반도 삼천리
그 이름도 금수강산이었으니
해동 설산 천불동 계곡엔
눈길이 닿는 곳마다
천 부처님 살아 숨 쉬는 곳
그 정상에 거슬러 천사백년 전
석가세존 진신뇌사리 나투셨으니
생동하는 님의 기운이 서린 그 품에
수천수만 불자들
자석에 끌려가듯 기어오른 설악의 정상
불뇌보탑전에서
남으로 한라산 정상을
북으로 백두산 정상을
마음의 큰 눈으로 바라보나니
천지의 검푸른 잔잔한 물결
동해에 불끈 솟는 황홀한 아침햇살

눈 부시는 나의 조국 반도 삼천리
두루한 산맥 아래 이어진 강줄기
낱낱마다 삼천리에 장엄이어라
잔잔한 조국애
거기에도 이러히 큰 나의 기쁨이 있다
민족의 영산 백두산 천지를 향해
경건히 삼배하면서
동강난 허리 치유(평화통일)를 빈다
시방법계에 계시온 백천만억 부처님
만세 만세 만만세

부처님께 은애하는 마음

조용히 마음의 빗장을 풀어놓으니
보이는 세상은 무한한데
삼라만상은
어떠한 트집 않고 고집 않는다
마음 열고 자세히 살펴보면
바로 내 곁에 자비도 지혜도 인욕도
어떤 누구의 것이 아닌
바로 내 것으로 너의 것으로
한세상 가득히 펼쳐져 있다
나 여기까지 이를 수 있었음도
온통 부처님의 은혜임을 감사한다
절하며 독경하며 염불하며
이것을 금생에 내 몫으로 소중히 지닌다
넉넉하니 이렇게들 좋은 길을
어찌 나만 가겠는가
부처님께 은애할 마음 열고 본
황금의 장
군법당을 지원할 서원으로

싹틔운 삼년기도
그 세월을 펼치니 천팔십 일
송두리째 쏟아 부었던 그 마음
어느덧 회향에 이르렀으니
타오르던 불기운은
다비장의 불꽃처럼 줄어들면서
그 속에 파묻힌 마음사리 쏟아져
그 빛을 발하기를 기다려본다
부처님께 은애하는 마음
백천만억 분의 하나라도
되었으면 하는 간절함으로
오늘 회향에 이른 마음은
더 밝은 더 큰 몫을 찾아 나선다

마하반야바라밀

나의 황혼길

행복이 무엇인가
참으로 행복이 무엇인가

만물의 영장인 사람으로
부처님을 만났으니

지문이 다 닳아지도록
팔꿈치에 무릎에 굳은살이 박히도록
날마다 엎드려 절하며
나를 돌아볼 수 있나니
보다 값진 행복 그 아니랴

경전 모서리가 닳아
장장이 구멍이 나도
모자람으로 하루하루를 채워간다

긴긴 세월 멈출 수 없었던
정진의 비결 또한

좋아서도 기도하고 싫어서도 기도하며
목탁을 두드리듯
신심이 잠들지 않게 두들겨 깨웠기에
아스라이 그 기운이 허공을 뚫어간다

나의 미혹함을 헤아려
부질없음을 녹여낸 인내로
내가 만든 아름다운 세상에선

나의 황혼길 마저도 맑은 날
일몰의 아름다움으로 다가온다

마하반야바라밀

2005 대설

입춘 우수를 지나서 경칩을 맞아
남쪽 땅 부산에 대설이 내렸다
하얀 세상 따라
하늘도 하얗게 보인다
금정산 노송나무
한 짐 실은 눈 무거워 비명소리
소스라쳤으리라
인간 세상이 지저분해 보였던가
그러히도 많은 눈을 내려
새하얗이 곱게도 덮어주었네
너나없이 그를 바라보는 마음들은
한 세기 만에 내린 큰 눈이라
너무 기뻐 흥청거린다
뭉쳐서 던지며 기뻐 뛰노는 아이들 틈엔
어른 아이도 있다
나는 늙은 아이 되어 손녀 민경이랑
주말 빈 주차장에서
한판 눈싸움 벌였었지

인생 말년의 고개 이러히 넘으며 즐긴다
대자연은
너무나 커다란 청정으로 아름다움으로
보다 더 큰 평등으로
다시 영원하지 않음으로 골고루
진리 앞에 우릴 우뚝 세워 놓는다
소리 없는 소리
자연의 소리
진리의 소리
눈으로 귀로 함께 들으라 한다

반야로 가는 길

지식이 넘쳐나기보다
지혜가 모자람이 더 크지 않은가
이러히 크고 작음을 볼 수 있음도
부처님의 은혜임을 안다
억겁을 지나오면서
마음이 몸인 줄 알지 않았을까
부처님이 계시는 이 사바에
인간의 몸으로 올 수 있었기에
부처님을 만나 뵐 수 있었고
참 나를 볼 수 있었으니
무엇을 더 바라리오
육신이 나 아님을 앎으로
마음이 그를 조복 받으니
그 어디에도 떼쓰지 않아
고분고분 마음 따라 착함으로
한세상 함께 보내면서
한생각 편안히 내려놓을 때
그 마음이 얼마나 청정한가

이래저래 걸릴 일 없으니
가벼이 훌훌 날을 수 있어
허공을 내 집처럼 드나들며
걸음걸음 잰걸음 속에
허허로운 삶이 있었네
그 마음도 그 몸도 함께라네
세상 것 제 아무리 갖추어 있어도
청정한 마음 안엔 그 자리 없으므로
다른 무엇이 필요치 않아
이러히 반야로 가는 길 있네

마하반야바라밀

내가 누구인지

내가 누구인지 나도 몰라

그를 채찍으로

핑계와 게으름을 몰아내고

삼천배 만배 십만배

백만배를 넘어서는

참회와 심신의 조복으로

마음도 육신도 깨워 일으키니

금강경 만독 들숨 날숨처럼

법화경 백팔독 꿈속에도 쉬지 않고

자비도량 백여덟 번 마치 인간 기계처럼

화엄경 전권을 용감하게 넘겨보던

내가 누구인지 아직도 몰라

한세상 불현듯 지나가는데

해와 달 지구와 별

그들은 또 누구였던가

몰래 돌고 따라 돌며 제 자리에서

이러히 가까스로

한세상 비추며 살고 있네

밝고도 은은하게 심오하게
그러히 장엄된 사바촌에서
복되이 살고 있는 나는 누구인가
그 채찍질은 누가 하는지
또 누구의 것인지
분명 다스리는 자 그가 주인이라
내가 누구인지
아직도 몰라 난 몰라

사바의 으뜸 길

너만의 길 나만의 길이 아닌
우리 다함께 가는 길
뉘라서 이 길을 비켜 갈소냐
선한자도 악한자도
빈자도 부자도 함께 가는 길
오지랖이 넓으면 넓은 대로
좁으면 좁은 대로
싫어도 좋아도 가는 길
그 길 가다 부처님을 만났으니
어느 생에 지어진 인연이었던가
오늘 오늘마다
엎드려 오체투지 쉬지 않나니
그 많은 날
가슴은 뜨거워져 식지 않는다
누가 시켜서라면 누가 권해서라면
이 마음 이렇듯 뜨거워 있었으랴
내가 좋아서 좇아가는 길
한세상 또 한세상 또 한세상

이 육신 지수화풍 보내고
다시 몸 받아와도 변함없을 마음
새록새록 님 따라 님 닮으며
이 길만이 사바의 으뜸 길이었네
그 무슨 인연 있었기에
이러히 복된 길 갈 수 있었을까
은애하는 마음 안에
무르익어가는 사바 인연
그윽이 충만의 향기로 풍겨나네
이 어찌 사바의 으뜸 길 아니런가

사대불산으로 떠나는 마음

이러히도
나서기 어려운 곳에
어느 생에 복력인가
세상 복을 다 누린 우리
숱한 핑계와 마장을 다 이기고
다져진 신심으로 걸림 없이
머언 머언 길
항로로 수로로 육로로
떠나는 이 기쁨

사대불산 오대 육대불산
불보살님 뵈옵고
예배드리며 가슴 넓혀
온갖 시름 다 내려놓으리니
저의들의 이 마음
님은 아시옵지요

작던 마음 키워 늘려 돌아오리다

불보살님 가피 원력 입사와
한 눈금 마장도 없이
두루두루 참배 순례코자
더 성숙하여 돌아오고자
마냥 설레는 가슴 안고
뭉게구름처럼
피어오르는 마음 함께 있네

이 육신 벗어놓고 가는 길은
결정코 걸림 없는 대 자유의 길
우리는 님 곁에
걸음걸음 부처되어 가리라

마하반야바라밀

연꽃

초록빛 우산인양 넓은 잎으로
위로는
파아란 하늘을 받들고
아래로는
고인 물 혼탁함을 가리고서
초연히 솟아오른 줄기 위에
살며시 피운 한 송이 한 송이
진흙 속에 파묻힌
터널 마디마디
그리도 혼탁한 오탁을 뚫고
줄기 줄기마다
잎은 잎다이
꽃은 꽃다이
그 모습 그 의상 너무 고와라
청풍에 떨리는 가녀림은
청정 청렴의 위대함으로
그 이름도
아름다운 연꽃이여

내 그대 곁에 늘 있어
무언의 설함을 즐겨듣는다오
말 없는 소리
소리 없는 소리
귓가에 눈가에 맴돌아도
듣는 자 묵묵히 고운 미소
말이 없다오
소리 없다오

무엇을 드릴까요

님에게 무엇을 드릴까요
진정한 제 것을 드리려니
그것이 무엇인지 가려지질 않습니다
참으로 제 것이 무엇일까요
드릴 것이 너무 없어
생각 생각 어쩔 수 없이
마음이라도 드릴까 하니
그건 더욱 찾아낼 길이 없군요
당신을 그리며 흘린 눈물
육신을 빌리긴 했지만
그만이라도
고이 받아주시련가요
님께 드릴 제 것이
이러히 없는 줄 진작엔 몰랐습니다
올 때 빈손으로 오긴 했지만
괴로움이나 행복마저도
정한 제 것이 아님을 이제사 압니다
님이시여

당신께 드릴 제 것이
이러히 없는 줄 정말 몰랐습니다
이 세상에 제 것이랄 게
보아하니 아무것도 없습니다
이 육신으로
무릎 꿇어 엎드림만을 바치옵니다
그만이라도 세세생생
이 영혼이 다하도록 바치렵니다

병자년 어느 날

돌아오지 않는 날

홀연히
몸을 두고 빠져나가
돌아오지 않는 날
그날을 생각해본다
그날을 두고
죽었다는 새로운 이름을 붙여
그를 내다버릴 준비를 한다
만일
그 몸뚱어리가
참으로 소중했다면
그가 스스로 나가기 전에
어찌 불태워 아니면 땅에 묻을 수 있으랴
아무런 가치를 부여하지 않는
그것을 참 나인 줄
그 아닌 강을 건너는 뗏목처럼
세상을 살아가는 도우미에 불과하니
어찌 마음을 찾지 않으랴
빠져나간 정신 즉 마음 없인

아무런 쓸모가 없나니
어쩌랴 그 몸뚱이 내다버릴 수밖에
우리네 마음
분명 있음이 분명 없음인 듯
고개를 들어 허공을 보라
허공이라 할 무엇이 따로 있는가
마음 그도 그러하거늘
한껏 넓혀
잘 쓰고 갈지어다
돌아오지 않는
그날을 위하여서……

부처님

부처님
진리에서 오신 우리 부처님
미혹한 중생들 곁에
지견을 깨워주시려
인간의 몸으로 이 사바에 오신
우리 부처님
이천육백 년 전에
오신 그 몸으로
실로 들려주시고
실로 보여주셨던
천백억화신 석가모니부처님
진리 그 몸이
이 세간에 오시기까지
멀고도 긴 사연
어이 듣고 다 기억하리요
지금은 금색 몸이 되어
우리 곁에 계신 듯하지만
님은 바로 진리이셔라

본래로 진리이셨기에
육십이억 중생이 다 부처되어도
님은 그대로 진리이시리
부처님 우리 부처님

지장보살님

화사한 가사 장삼자락 드리우시고
저의 집에 오신 지 십 년 세월
그 세월 어떠셨는지요
오늘 더 큰 대중 속으로 모셔갑니다
육환장 짚으신 고우신 님이시여
비단 가사자락 상반신을
분홍색 보자기로 가리고
지하철을 태워 드리면서
정토법당으로 모십니다
향내음 물씬 배인
당신의 가사 장삼자락
바람에 나부끼듯 아름다웠습니다
언제 뵈도 당당하신 모습
나는 늘 당신 곁에 있었습니다
이제 보내드리면서
숱한 날 육안으로는 못 뵈올 줄
심안으로 뵙는 당신 곁에서
항상 가까이 계신 듯

기도하며 살다가겠습니다
지장보살님 지장보살님
지옥 중생 어서 다 건지시고
성불하소서 성불하시옵소서

나무대원본존 지장보살님

세월의 뒷모습

흐느끼며 당신을 싸서 보낸지
어연간 이십여 년
강산은 그대론데 세월만 갔네

백일배기 어린손자 어른만큼 자라고
며늘애기 설던 살림 익어가니
나 몰래 주름살만 깊어 있네

숱한 오늘이 오고가면은
우리 손자 의젓이 아빠 되고
며늘애기 다소고시 할머니 되겠지

사바에 왔다감이 이러함이거늘
무엇을 탐하고 무엇을 마다하리
있는 대로 세월 속에 묻어 보냄이요
가져옴이 없으니 가져감도 없으며
두고 감인들 어찌 있으리오
본래대로 그대로 있을 뿐이리라

부처님 따라
부처님 닮아 가면서
한세상 즐거이 보낼 뿐이지

숱한 세월 그도
강산은 그대로 두고 세월만 갔네
이대로 한세상
지견을 앞세워 목숨처럼 살고 갈래요
묻힌 인연자락 뒤적여봄이 얼마만인가
이런 저런 세월의 뒷모습에서
무상이 쓱쓱 자람을 본다

설중매라

유달리도 추운
이천오 일월
우리 집 삼층 마당
주먹만 한 화분에
새빨간 몽우리
설중매화
차디찬 그 행적을
뉘 아리
해탈의 경지
그 어느 즈음에
설중매화
그 작은 몸으로
찬 서리 눈보라
그 무슨 힘으로
기어이 이겨내고
긴긴 겨울
동이 트기도 전에
살며시

웃는 얼굴 내미네
간간히 스쳐가는
매서운 바람결이
다칠세라
고이 실어 나르는
해맑은 향기
보리 일구며
구도의 길 떠나네

산책

토요일 밤
아홉 살짜리 손녀 민경이랑
숲이 있는 인도를 산책한다
손을 잡고 걸으면서
민경이 이야기를 듣는다
별 이야기 달 이야기 태양 이야기
지구 이야기까지
그러다 문득
할머니 오늘 밤에도 시 쓰실래요
아니
할머니 쓰세요
우리 산책이야기 쓰세요
그래 알았어 그렇게
할머니 내일도 모레도 계속 산책해요
응 알았어 그러자
이렇게 주고받는 얘기 속에
무척 좋아하는 민경이
행복이 한 얼굴 가득하다

가로등 불빛아래
네온사인 불빛 속에
작은 별은 숨고 큰 별만 보인다
제법 싸늘한
깊어가는 가을밤
바람도 쉬는가 흔적 없다
육십 년 차이 같은 띠 같은 달 생일
할미와 손녀 사이
사랑과 행복이 스멀스멀
안개처럼 피어오른다

태백사 정암사

보궁 정암사에 첫발을 들여놓은 날
수마노탑을 돌며 돌며
부처님의 일생을 떠올리며
가슴 여미던 날
첫걸음은 늦었지만
이제라도 연년이
찾아뵙기를 약속 다짐했다

때마침 음력 구월 구일
자장스님 열반재일이었으니
지난 세월 앞에 멈추어 서본다
애써 마지막 숨결 더듬어
천사백 년 전 옛날로 거슬러 봐도
오늘 지금일 뿐 그날은 없다

보궁 담 자락에 기대어
그 옛날이 그리워 서성거려도
바람도 구름도 무심히 지나간다

오랜 세월
지팡이에 살아 있는 영혼조차도
아무 말이 없다
자장스님
스님은 어느 곳에 오셨나이까
미혹한 중생 곁에 보이소서 들리소서

길섶에 들국화는
그때도 지금처럼 피었던가
만발한 억새꽃만 가을을 재촉할 뿐
상하행길
시커먼 개울물은 바쁜 듯 흘러간다
이러히 세월은 가네

마하반야바라밀

부처님을 생각하는 마음

어디선가 날 부르는 소리
귓가에 쟁쟁거린다
법륜이 구르는 소릴런가
법륜이 구르는 모습일런가
귓가에 눈가에 맴돎이
밤낮으로 자라서
수미산 같은 부동함이 되었으니
오늘마다
몸으로 마음으로 깨워가는
난행고행으로 집을 지어
아주 작은 것에서부터
그 소중함을 일구어간다
은연중에도 내려놓을 수 없었던
부처님을 생각하는 마음
항상 가득 차 있다
온갖 시름 다 견디면서
점점 가벼워지는 세상 삶을
어느 날 뒤돌아볼 일 없으려고

미리 미리 덜고 비우며
잡지 않고 잡히지 않아
괴로움이 쉬어져 감을 능히 본다
항상 어디선가 날 부르는 소리
지금도 귓가에 눈가에
맴돈다 쟁쟁거린다
깨어보니
부처님을 생각하는 마음 안에
부처님의 소릴레라
어느 때 어디서나
이슬처럼 안개처럼 내리는
부처님의 끊임없는 은혜이어라
아! 복되도다
부처님을 생각하는 이 마음

나무석가모니불

사월

산그늘이 내리는 늦은 시간에
금정산사를 걸어서 오른다
거기 염화실 뜨락에
목마른 꽃 친구가 기다린다
따박따박 발자국 소리
그 소리를 목탁소리처럼
석가모니불 석가모니불
정근을 하며 간다
부처님 오신 달 사월을 걸으며
한생각 부처님 생각으로 가득하다
해마다 이맘때가 되면
부처님 오심을 기리는 만배를 한다
생각생각 부처님으로
함께 자고 함께 기도하고
너무너무 행복해하면서
밤도 낮도 함께 산다
날을 수 있을 것 같은 마음 괜히 신난다
하루하루 줄어드는 이 기쁜 날들

아낌없이 양껏 좋아해야지
산그늘은 자꾸 길어진다
작은 생각들 하나하나
마치
행복의 관문인 것처럼 느껴진다
이 모두
부처님의 은혜임을 무한히 감사하면서
부처님 오신 달 이 사월을 걷는다

나무석가모니불

도솔암

비가 오는 비 사이로
천상계단 오르듯
법당 앞에 다다르니
내원궁 현판이
도솔천을 연상케 한다
꼼짝 말고 기도하라는 듯
처정 처정
빗소리 점점 크다
꼬박 밤을 새운
뜨거운 열기로 가득 찬 도량
땀은 소낙비를 맞는 듯한데
목이 말라 조여든다
절하며 염불하며 독경하며
지장보살님을 우러르며
어디선가
샘물처럼 솟아나는 신심은
숱한 부질없음을 훌훌 털어낸다
도량석에 이은

새벽예불을 마치고
내려오는 마음은
풍선처럼 띄워질 듯 가벼웠다
도솔암 내원궁에서 보낸
그 밤은
꿈속처럼 가버렸지만
그 실상은
항상 우리 곁에 함께 있으리

나무지장보살

허공 길

뉘엿뉘엿
다시 한해는 저물어간다
오후 늦은 시간
무궁화 열차 안에서
차창 밖을 내다본다
겨울 산을 기어오르는 엷은 저녁 햇살이
조국의 아름다움을 한눈에 보여준다
죽은 듯한 돌부리에도
살아있음을 기대고 보니
그 옛으로 가보고 싶어진다
도톰한 초가 토담이 그리워진다
내가 찾아 나선 빙판길
돌다리 넘어 누가 기다릴까
먼 허공엔 눈썹달이 살아나고
서산머리엔 노을빛이 돌아선다
오늘 따라 유난히도
가슴 속을 파고드는 나의 조국
아름답다

그 품 품마다 머물러 있어보고 싶다
그윽한 사바향기 넘어
풍경소리 찾아 해매는 마음
누가 기다려줄까
누가 반겨줄까
이에 마음 열어 무슨 말을 할까
이대로 무인년 석양에
모락모락 피어오르는 저녁연기 따라
떠나보는 허공 길일레라

행복의 소리

새벽기도를 마치고
앉은 자리에서
차 한 잔을 마시노라면
깍깍깍깍 까치 한 가족
어김없이 아낌없이
나에게로 보내오는 소리
그는 무심코 깍깍거릴지라도
마치 나를 위해서인 듯
밤사이 쉬어진 마음이
기쁨으로 시작된다
비가 오는 날에도
바람 세차게 부는 날에도
거르지 않던 소리
어인 일인가
어느 날 그만 잃어버렸다
찾아 나설 수 없는 일
도대체 무슨 사연이 있었을까
이른 아침마다

나에게 행복을 나르던 그가
몹시 궁금하다
부디 아무 일 없었으면 좋겠다
지금도 그 목소리
귀에 쟁쟁거린다
더 좋은 집 지어 이사했으면 좋으련만
어느 어디에서라도
깍깍거리는 지저귐에
모두 행복해주기를 바란다

멈추어 선 자리

석가세존 불뇌사리탑을 향해
줄기차게 내닫던 걸음
잠깐 멈추어 서보네
바라보이는 설악의 지붕 위로
어슬렁어슬렁
구름떼들 모여듦에
행여 꽃비 되어 내리려나
저 언덕에 무지개다리 놓으려나
번뇌처럼 지나가는 마음 있네
벼랑 끝을 뒹구는 물줄기는
산산이 부서지더니
다시 모여 하나되네
심심계곡 그 어깨 위에 낙락장송
언제 생을 마쳤던가
전신사리 되어 있네
해동 설산 구석구석
청정도량 아님이 어디랴
수행자들의 고행이 흥건한 곳

당신들이 멈추어 있는 곳이
반야의 저 언덕이라오
숱한 신심들이 스쳐간 품안
나 여기 머물러 선 자리
맑고도 밝은 마음
한마음 가득 차오르네
찰라 속에 무릇 복을 맛보는
이러히 복됨을
나 아닌 누가 아랴
난행고행 속에 숨었었더냐?

꽃비

하늘 꽃비 하염없이 내리던
그 어느 날 봉정대상
석가세존 진신 뇌사리탑전
오색광명을 온몸으로 받던 날
꿈 아닌 꿈속처럼 내리던
하늘 꽃비 맞으며
하도 기뻐 반은 웃고 반은 울고

그때를 다시 떠올리면서
두 눈을 꼬옥 감아본다
무지개가 부서져 내리듯
오색광명이 하염없이 내리던 날
하늘 꽃비였었지
허공 꽃비였었지
너무 기뻐 반은 웃고 반은 울고

유구한 세월
천사백 년을 꽃피운 탑신에

태양이 부서져 내리듯
오색광명이 쏟아지던 날
하늘 꽃비 내렸지
허공 꽃비 내렸지
어찌 기뻐 반은 웃고 반은 울고

멀고도 긴 세월 다 지나
세상 것이 무릇 다 변해가도
석가세존 뇌사리탑전
그때 그 환희심은 그대로 살아 있으리
이러히도 아름다운 사바의 인연
그 모두 부처님의 은혜이옵기에
이 몸 낮추어 더 낮추어 절하옵니다

마하반야바라밀

우리 어머니

아무 말 없어도
아무 말이 없이
한순간도 멈추어 있지 않아
임종의 마지막 순간은
누구에게나 다가오고 있다
들숨 날숨이
간신이 이어지면서
동공이 풀어지는 두 눈으로
떴다 감았다
앞이 점점 흐려지면서
우리 어머니 마지막 말씀
애비는 나갔나
도대체
자식이 무엇이길래
아무것도
보이지도 들리지도 않는다는
임종의 그 순간
호흡이 멎어가면서

마지막 희미한 말씀
귀로 전해 듣기만 했는데
뵙지도 못했는데
생각생각 가슴만 시리다
어머니 우리 어머니
극락왕생 상품상생하소서

나무아미타불

종소리

내 두 귀가 의심스럽다
이러히도
넉넉하고 푸근한 종성이
어디서 오는가
마음이 듣는 소리를
귀가 훔쳐 들었는가
새벽 다섯 시
오분향례로 시작되는 나의 하루
지금은
동안거 백팔일 정진 중
천배 만 정근 독경 다라니 진언으로
날마다 열 시간여
오늘이 스무하루째
세 번째로 들리는 종소리
어느 어디에서 누가 보냈을까
뚫어 알지 못함은 애석해도
부단히 정진하리라
그 종소리 다시 들려오면

귀 있는 자 다 함께 들었으면
더없이 좋으련만
그 아무도 듣지 못해도
내 마음은 들으리
나의 귀는 들으리
그 기운으로 더욱 열심히 정진하리라
큰 다짐으로
나의 신심은 샘물처럼 솟는다
허공으로 뻗는다

아미타불

영전을 다녀와서

한 짐 무거웠던 반세기 세월
가문의 단명을 녹이려
삼대 여인의 한을 삭히려
강산이 변한 세월 동안
지장기도로 소멸된 서릿발이
채 마르기도 전에
다시 겪어야 했던
양잿물 같은 고뇌
가슴을 끌어안으며 헤집힌 상처
아무는 듯 깊은 뿌리 되었으리
내려진 님의 마음인들
어이 아리지 않았으리오
황급히 가시는 걸음 앞에
수미산 같은 소신공양의 원
그마저 송두리째 앗아간
세월이 아닐까요
어느 어디에서
더 좋은 인연이 재촉하온 듯

꼭 가셔야 하는
꼭 보내드려야 하는
길인 듯하옵니다
화려했던 시절
파란만장했던 시절은
꿈이 아닌 꿈속처럼
세월에 씻겨 가겠지요
하지만
당신이 남기신 글
여보게 저승 갈 때 무엇을 가지고 가나
그만은
이 세간에 남아
영원히 살아 있을 것입니다
당신이 밝혀놓으신 길
편안히 가시어
더 큰 빛으로
연꽃처럼 고운 님으로
보다 넓은 가슴으로
미혹한 중생 곁에 다시 오소서

나무대원본존 지장보살

하산길 설악산

설악산정에서 하산하는 길
깎아지른 돌 계곡을
미끄러지듯 타고 내려
난간의 줄을 잡고
수백수천의 계단을 지나서
셀 수 없는 계곡을 건너
때로는 능선도 타고
바쁜 듯이 한가로운 하산길
수천수만 번 절하고 염불하여도
지금인 듯 새로운
님 따라 님 닮아 가는 길
이 넓은 세상 다 가지고 산다
지친 듯 가벼운 심신이
한나절 넘어서 내려선
자연이 일구어놓은 신비의 설악산
처처에 장엄들을 어찌 다 말하랴
돌아돌아 그 모습마다
발걸음을 늦추지 않을 수 없는

이러히 아름다운 금수강산 삼천리
해마다 이맘때면
설악이 부르는 소리에
부처님이 부르는 소리에
난행고행을 아끼지 않나니
숨 가쁜 사바살이
그 속에 숨은 한가로움이여
이 모두
님이 주신 소중한 선물이어라

바라보기만 해도 너무 좋아

뫼와 하늘이 맞닿은 곳
바라보기만 해도 왜 그렇게들 좋은가
먼 옛날이 다 보인다
단숨에 달려가 보고 싶다
거기엔 하늘도 만날 수 있겠지
그 하늘에
내 얼굴을 비벼보고 싶다

뫼와 하늘이 맞만난 곳
눈길만 주어도 왜 그렇게들 좋은가
먼 미래가 다 보인다
가슴이 넘쳐 오르도록 가보고 싶다
거기엔 허공도 만날 수 있겠지
그 허공을
내 힘껏 꼭 껴안아 보고 싶다

뫼와 하늘이 맞물린 곳
생각만 해봐도 왜 그렇게들 좋은가

오늘 지금이 다 보인다
내 곁에 전부를 두고 가보고 싶다
거기엔 과거 현재 미래 삼생이 함께 있겠지
그 삼세를
한순간에 만나보고 싶다

욕심이 너무 많은가 나를 짚어본다
조금 줄이며 살아야 할까
그렇지만 않다면 이대로가 너무 좋아

무상

무상이여
그대는 든든한 나의 벗
항상 내 곁에 있어
마치 나의 것과 다를 바 없네

벽이 없이 터놓아
짝꿍 같은 좋은 사이
그 속에 세상사연 늘 즐겁네

모자람도 충만으로
만나는 뿌듯한 마음 있어
나는 행복한 사람

슬픔도 기쁨처럼
한가슴 넉넉히 받아들여지는
나는 다복한 사람

치우쳐 기웃거림 없으니

충만 속에 보람된 삶
지금이 바로 그것이었네

한 치의 망설임도 없이
마음 그가 그러하거늘
허공처럼 넓혀
끝 간 데 없이 쓰고 갈 뿐이네

아미타불

육신불

그 누구도
따라 행하기 어려운
엄청난 수행과 정진 끝에

인연이 다한
마음이 훌쩍 떠나간 자리에
혼자 남은 육신은
살아남아 못다 한
그 수행력 그 정진력으로
손톱 발톱이 자라고
머리카락이 자라는
육신을 지켜가는 안간힘으로
지난 정진력이 버티는
삼 년이란 세월 동안
점차로 수분이 줄어들면서
굳어진 남음이
전신사리(육신불) 아니겠는가

위대하신 님이시여
뭇 중생의 하근기 두루 거두시어
하나하나 그마다
상근기로 성숙하여지이다
님의 가피 듬뿍 받아 지녀지이다
님의 법은이 충만하여지이다

나무대원본존 지장왕보살

일진행 |

1936년에 태어났다. 결혼 후 시조모님과 시어머님을 따라 절에
다니기 시작하였다. 처음에는 단지 기복적인 바람만을 가지고
불교를 믿었으나, 40대에 들어서 집안의 큰 어려움을 겪고부터
정법에 눈을 뜨기 시작하였다.

이후 불교란 자기를 다스리고, 자기를 만들어 가며, 자기의 운명
을 바꾸는 길이라는 믿음으로, 스스로 계획을 세워 30여 년 동안
스님만큼이나 엄격하게 신행생활을 해오고 있다.

지난 삶의 기록이자 신행생활의 자취를 담은 『노보살 일진행의
행복한 고행』(수행일기)과 『허공 속의 무영탑』(시집), 『내 마음속
영산회상』(시집)을 펴낸 바 있으며, 이 책은 세 번째 신행시집이
다. 그야말로 마음이 움직이는 대로 쓴 시들이기에 현란한 기교
나 수사는 없을지라도, 칠순 노보살의 신행에 대한 치열함과 부
처님에 대한 절절한 마음이 고스란히 묻어난다.

사바는 연꽃세상

초판 1쇄 인쇄 2011년 10월 4일 | **초판 1쇄 발행** 2011년 10월 11일
지은이 일진행 | **펴낸이** 김시열
펴낸곳 도서출판 운주사

　　　(136-034) 서울 성북구 동소문동 4가 270번지 성심빌딩 3층

　　　전화 (02) 926-8361 | **팩스** 0505-115-8361

ISBN 978-89-5746-288-1　03220　　값 10,000원

http://cafe.daum.net/unjubooks 〈다음카페: 도서출판 운주사〉